U0505781

国家社科基金西部项目（14XGJ011）西安财经大学配套资金资助

贺宁华　康霏　著

国际区域经济发展与贸易

GUOJI QUYU JINGJI FAZHAN YU MAOYI

中国财经出版传媒集团

经济科学出版社

Economic Science Press

图书在版编目（CIP）数据

国际区域经济发展与贸易 / 贺宁华，康霏著 . -- 北京：经济科学出版社，2021.11

ISBN 978 - 7 - 5218 - 3226 - 6

Ⅰ . ①国… Ⅱ . ①贺… ②康… Ⅲ . ①区域经济发展 – 研究 – 世界 ②区域贸易 – 贸易发展 – 研究 – 世界 Ⅳ . ①F11 ②F740.4

中国版本图书馆 CIP 数据核字（2021）第 248341 号

责任编辑：杜 鹏 常家凤
责任校对：刘 娅
责任印制：邱 天

国际区域经济发展与贸易

贺宁华 康霏 著

经济科学出版社出版、发行 新华书店经销

社址：北京市海淀区阜成路甲 28 号 邮编：100142

编辑部电话：010 – 88191441 发行部电话：010 – 88191522

网址：www. esp. com. cn

电子邮箱：esp_bj@ 163. com

天猫网店：经济科学出版社旗舰店

网址：http：//jjkxcbs. tmall. com

固安华明印业有限公司印装

710 × 1000 16 开 10 印张 180000 字

2021 年 11 月第 1 版 2021 年 11 月第 1 次印刷

ISBN 978 - 7 - 5218 - 3226 - 6 定价：59.00 元

（图书出现印装问题，本社负责调换。电话：010 – 88191545）

（版权所有 侵权必究 打击盗版 举报热线：010 – 88191661

QQ：2242791300 营销中心电话：010 – 88191537

电子邮箱：dbts@ esp. com. cn）

前　言

经过 40 多年的改革开放，中国经济持续高速增长，经济规模不断扩大，经济总量跃居世界前列，对外经济联系日益密切，不论从贸易规模、进出口状况还是从外汇储备方面来看，中国与世界经济贸易领域合作不断加深。当前，世界经济格局正在发生深刻变化，中国面临的机遇极大地增加，把握好这些机遇，对促进中国经济贸易高速发展、促进世界不同区域经济贸易全面协调发展意义重大。本书以国际贸易学和经济地理学的基本理论为基础，对世界主要国家和地区经济人文地理特征、经济发展基本特点、贸易发展基本特点进行深入的剖析，探索其发展规律，借鉴其发展经验，以促进中国对外贸易更好地发展，实现由贸易大国向贸易强国的转变。

本书具体内容包括两个部分，第一部分从区域经济的角度探索世界主要经济区域的发展状况及贸易特点，选取依据是经济规模庞大且对外贸易位居世界前列，主要包括亚洲的日本、韩国、印度，欧洲的欧盟、俄罗斯、德国、法国，北美洲的加拿大、美国，大洋洲的澳大利亚以及非洲和拉丁美洲。第二部分从世界经贸领域占据重要位置的产业入手，分析产业的地理区位分布、生产发展及对外贸易，主要包括涉及大宗粮食贸易的小麦、玉米、水稻业等第一产业，涉及主要工业产品贸易的石油、电子、钢铁、汽车等第二产业，探讨其发展现状和趋势，借鉴其发展经验，促进中国经济贸易更好地发展。

本书中关于中国对外贸易的论述与世界主要贸易国家和贸易地区的论述相联系，主要原因是中国对外贸易发展迅速，在世界贸易中占据非常重要的地位，在世界各主要贸易大国的经济贸易阐述中，其与中国的贸易都是主要论述的部分；同时，中国在各产业领域近年来高速增长，因此，在阐述世界主要的产业贸易中，很大篇幅是关于中国经济发展的阐述。

研究国际区域经济贸易发展，主要意义在于为中国经济贸易发展寻求贸易机会、借鉴国外经济贸易发展经验、培育中国对外贸易发展的新契机，为国家政策层面进行经济贸易决策提供经验借鉴，为目前从事贸易行业的人员提供丰富的信息，为将来从事贸易工作的学生提供学习机会。

作者

2021 年 11 月

目　　录

第一章 导　　论

第一节　中国经济贸易发展历史回顾

中国现代经济始于中华人民共和国成立之后，通过公私合营等社会主义改造，中国在经济领域实行计划体制，在当时国力薄弱的基础上集中力量办大事，解决了国家面临的很重要的安全、民生、卫生、经济等问题；在西方资本主义国家经济制裁的大环境下，我们建立的国民经济体系改善了人民生活，极大地提高了人民生活的幸福感。

计划体制运行了 20 多年的时间，不足之处也显现出来，20 世纪 70 年代后期，国内经济领域供给严重不足，工作效率低下的问题比较明显，为寻求中国经济社会的更好发展，满足人民日益增长的物质和文化需求，改革开放被提到重要的地位。1979 年，中国向世界宣布开始进行改革开放，20 世纪 80 年代以来，促进中国经济快速发展的首要推动力就是改革开放。改革领域的一个主要标志就是农村实行联产承包责任制，农民的生产积极性得到极大提高，粮食产量大幅度提升，农副产品的产量迅速增加，农副产品的品种不断丰富，农村人口的基本生活质量得到极大改善、收入得到极大增加，富裕起来的人们追求生活、生产条件的改善，因此，农村人口消费欲望急剧增加；人们消费欲望的增加使得城市中机器开大马力运转，工厂产品销路很好，工人收入增加，同时，生活用品尤其是农副产品价格便宜，人们生活满足感得到极大提高。这一段时间中国经济持续高速增长，整个社会呈现出欣欣向荣的景象，这种状况持续近 20 年的时间，中国经济高速增长，发展速度以及取得的成就令世界震惊。从衡量经济发展的国民生产总值来看，中国人均国民生产总值、国民生产总值、国民生产总值占世界的比重增长迅速。中国经济对世界经济发展的影响不断增加。中国改革开放初期历年国内生产总值（GDP）如表 1 - 1 所示。

表 1 - 1　　　　　1979～2000 年中国国内生产年度总值及增长统计

年份	国内生产总值（亿元）	与上年相比增长（%）
1979	6 157（全年工农业总产值）	8.5
1980	6 619（全年工农业总产值）	7.2
1981	7 490（全年工农业总产值）	4.5
1982	9 894（全年社会生产总值）	9.0
1983	11 052（全年社会生产总值）	10.0
1984	12 835（全年社会生产总值）	13.0
1985	16 242（全年社会生产总值）	16.2
1986	18 774（全年社会生产总值）	9.1
1987	10 920（国民生产总值）	9.4
1988	13 853（国民生产总值）	11.2
1989	15 677（国民生产总值）	3.9
1990	17 400（国民生产总值）	5.0
1991	19 580（国民生产总值）	7.0
1992	23 938（国内生产总值）	12.8
1993	31 380（国内生产总值）	13.4
1994	43 800（国内生产总值）	11.8
1995	57 733（国内生产总值）	10.2
1996	67 795（国内生产总值）	9.7
1997	74 772（国内生产总值）	8.8
1998	79 553（国内生产总值）	7.8
1999	82 054（国内生产总值）	7.1
2000	89 404（国内生产总值）	8.0

资料来源：国家统计局。

　　这一段时间，在对外开放领域，中国刚刚起步，西方世界与中国的长期隔绝使得其对中国的对外开放政策处于观望和怀疑阶段，中国对外贸易额度占世界经贸份额比重较低，但是这一时期中国对外贸易从少到多发展迅速。中国改革开放初期历年货物贸易及服务贸易增长速度如表 1 - 2 所示。

表1-2　　　　　　　　**1983~2000年中国货物与服务贸易进出口年度统计**

年份	货物贸易进出口		服务贸易进出口	
	金额（亿美元）	同比（%）	金额（亿美元）	同比（%）
2000	4 742.97	31.5	712	16.7
1999	3 606.30	11.3	610	17.6
1998	3 239.49	-0.4	519	-16.6
1997	3 251.62	12.2	622	23.0
1996	2 898.81	3.2	506	1.9
1995	2 808.64	18.7	496	36.0
1994	2 366.21	20.9	365	37.1
1993	1 957.03	18.2	266	20.9
1992	1 655.25	22	220	61.0
1991	1 356.34	17.5	137	10.1
1990	1 154.36	3.4	124	22.8
1989	1 116.78	8.7	101	16.2
1988	1 027.84	24.4	87	32.5
1987	826.53	11.9	66	7.0
1986	738.46	6.1	61	9.2
1985	696.02	30	56	-5.5
1984	535.49	22.8	59	24.9
1983	436.16	4.8	48	1.4

资料来源：货物贸易数据来自中国海关总署；服务贸易数据来自商务部官网。

20世纪90年代中后期，东南亚经济危机爆发，世界经济大环境欠佳，中国经济社会也出现了新问题，首先是农民增收困难，其次是城市下岗工人增多，这两方面关系国计民生的问题要求我们寻找新的发展思路。另外，经过近20年的开放，世界开始了解中国，中国也开始了解世界，对外贸易不断发展，取得了良好的效果，对外贸易的发展对中国经济领域的促进带动作用不断彰显，开放带给经济发展的良好效应促进中国经济社会高速发展。以中国加入世界贸易组织为标志，中国与世界经济深度融合，中国经济又掀起一轮新的增长高潮，21世纪的前10年，中国对外贸易年均增长20%以上，经济增速高达10%以上，经济持续高速增长，对外贸易额度不断提高。中国在贸易领域迅速发展，无论是进口产品总量，还是出口产品总量，中国都跃居世界前列，成为真正意义上的世界级贸易大国，在外贸的促进下，中国经济领域十几年高速增长，生产的产品质量不断提高，普通民众的财富不断增加，社会科技创新氛围浓厚，发展态势良好。中国经济贸易良好发展反映在经济贸易发展的指标数据的变化，这些变化更好地验证了中国经济贸易的迅猛发展。中国加入世界贸易组织（WTO）之后国内生产总值统计如表 1-3 所示。

表 1-3　　　　2001~2013 年中国国内生产总值及增长年度统计

年份	国内生产总值（亿元）	与上年相比增长（%）
2001	95 933	7.3
2002	102 398	8.0
2003	116 694	9.1
2004	136 515	9.5
2005	182 321	9.9
2006	209 407	10.7
2007	246 619	11.4
2008	300 670	9.0
2009	335 353	8.7
2010	397 983	10.3
2011	475 564	9.2
2012	519 322	7.8
2013	568 845	7.7

资料来源：国家统计局。

中国加入世界贸易组织之后货物与服务贸易进出口统计如表 1-4 所示。

表 1-4　　　　2001~2013 年中国货物与服务贸易进出口年度统计

年份	货物贸易进出口		服务贸易进出口	
	金额（亿美元）	同比（%）	金额（亿美元）	同比（%）
2013	41 589.93	7.5	5 376	11.3
2012	38 671.19	6.2	4 829	7.6
2011	36 418.64	22.5	4 489	20.8

续表

年份	货物贸易进出口		服务贸易进出口	
	金额（亿美元）	同比（%）	金额（亿美元）	同比（%）
2010	29 740.01	34.7	3 717	22.9
2009	22 075.35	−13.9	3 025	−6.1
2008	25 632.55	17.8	3 223	21.4
2007	21 761.75	23.6	2 654	30.2
2006	17 604.38	23.8	2 038	21.1
2005	14 219.06	23.2	1 683	15.9
2004	11 545.54	35.7	1 452	36.2
2003	8 509.88	37.1	1 066	15.0
2002	6 207.66	21.8	928	18.2
2001	5 096.51	7.5	784	10.2

资料来源：货物贸易数据来自中国海关总署；服务贸易数据来自商务部官网。

2013 年，中国提出丝绸之路经济带和海上丝绸之路的倡议，使得中国经济迈上新台阶，丝绸之路经济带倡议的提出，为贸易和直接投资开辟了新的经济合作领域，使得无论是中国对外贸易额还是替代贸易的对外直接投资额，在丝绸之路经济带沿线国家迅速增长，使中国对外贸易高速增长，促进中国经济发展持续增长。丝绸之路经济带倡议提出之后中国国内生产总值统计如表 1–5 所示。

表 1–5　　　　2014～2020 年中国国内生产总值及增长年度统计

年份	国内生产总值（亿元）	与上年相比增长（%）
2014	636 463	7.4
2015	676 708	6.9
2016	744 127	6.7
2017	827 122	6.9
2018	900 309	6.6
2019	990 865	6.1
2020	1 015 986	2.3

资料来源：国家统计局。

　　丝绸之路经济带倡议提出之后中国货物贸易和服务贸易年度统计如表 1 - 6 所示。

表 1 - 6　　　　2014 ~ 2020 年中国货物与服务贸易进出口年度统计

年份	货物贸易进出口		服务贸易进出口	
	金额（亿美元）	同比（%）	金额（亿美元）	同比（%）
2020	46 470. 63	1. 5	45 642（亿人民币）	- 15. 7
2019	45 778. 91	- 1	54 152（亿人民币）	2. 9
2018	46 224. 44	12. 5	7 919	13. 8
2017	41 071. 38	11. 4	6 957	5. 1
2016	36 855. 57	- 6. 8	6 616	1. 1
2015	39 530. 33	- 8	6 542	0. 3
2014	43 015. 27	3. 4	6 520	21. 3

资料来源：货物贸易数据来自中国海关总署；服务贸易数据来自商务部官网。

　　2019 年末到 2020 年，世界经济发展受疫情影响严重，中国政府上下一心，艰苦防疫，有序开工，促进中国经济稳步发展，同时，对外贸易迅速回升，对稳定疫情下的世界经济发展意义重大。2019 年和 2020 年中国国内生产总值同比增长分别为 6% 和 2.3%。2020 年，中国货物进出口总额 46 470.63 亿美元，同比增长 1.5%。相比疫情下世界经济的发展状况，中国经济增长一枝独秀。疫情下的世界需要稳定的普通产品以及防疫产品供应地，中国经济的良好发展是稳定世界供应的中坚力量，中国经济的良好发展是世界人民的福音，在构建人类命运共同体的道路上，经济贸易良好发展的中国正发挥着巨大的作用。

　　随着经济贸易的高速发展，中国外贸规模不断扩大。1980 年，中国对外贸易规模仅居世界第 26 位，到 1997 年中国对外贸易规模排名居世界第 10 位，在中国加入 WTO 之后，中国对外贸易规模迅速增长，2004 年进出口贸易总额超过日本，仅次于美国和德国，位居世界第三，成为世界级贸易大国。2013 年、2014 年、2015 年中国的对外贸易规模跃居世界第一，2016 年跃居第二，仅次于美国，2019 年跃居世界第一。当前中国在国际贸易领域成为名副其实的贸易大国。贸易的发展使得国家财富不断增长，中国外汇储备不断增加，如表 1 - 7 所示。

表1-7 1950~2020 年中国外汇储备额年度统计 单位：亿美元

年份	金额
1950	1.57
1960	0.46
1970	0.88
1980	-12.96
1990	110.93
1995	735.97
2000	1 655.74
2001	2 121.65
2002	2 864.07
2003	4 032.51
2004	6 099.32
2005	8 188.72
2006	10 663.44
2007	15 282.49
2008	19 460.30
2009	23 991.52
2010	28 473.38
2011	31 811.48
2012	33 115.89
2013	38 213.15
2014	38 430.18
2015	33 303.62
2016	30 105.17
2017	31 399.49
2018	30 727.12
2019	31 079.24
2020	32 165.22

资料来源：国家外汇管理局官网。

经过 40 多年的改革开放，中国经济在经济总量、进出口贸易额度、外汇储备方面迅速发展，中国在世界经济领域发挥着越来越重要的作用。

第二节　区域经济发展水平与贸易

经济发展水平与国际贸易关系密切。经济发展水平较高、经济环境良好、经济总量较大的国家一般贸易规模较大。经济发展水平较低、经济环境较差、经济总量较小的国家一般贸易规模较小。根据国际贸易的引力模型，两个国家的贸易规模与这两个国家的经济总量成正比，与这两个国家之间的距离成反比。因此，贸易常常发生在经济国模庞大的相邻国家之间，当前，随着交通运输的不断发展，两国间距离对贸易的负相关作用在降低，经济规模与贸易额度的正相关关系越来越明显。

消费水平及结构对国际贸易的影响深刻。根据恩格尔法则，随着收入的增长，人们花费在食品上的支出占收入的比重减少，人们更倾向于消费食品之外的产品。因此，收入高的国家对高端产品需求较大，收入低的国家对基本生活产品需求较大，国家消费水平对贸易产品额度和产品结构影响显著。一般情况下，收入较低的国家在贸易领域对基本生活产品需求较大，对高价格奢侈消费品需求较低；高价格奢侈消费品更多地出口到收入较高的国家。

收入接近的国家贸易领域合作更加深刻。根据需求重叠理论，国家之间人均收入的接近性与贸易额度也呈现正相关关系，收入差距不大的国家，贸易发生的可能性更大。究其原因是收入接近的国家，在消费领域有更多的重叠性。企业在生产过程中，首先满足国内消费者的需求，当产品有剩余时才会考虑国外消费者的需求，当两个国家人均收入比较接近时，对产品的需求相似性较大，产品出口更容易获得成功。因此，收入接近的国家在实际贸易领域合作更为密切，相互之间贸易额度较大，发达国家之间的贸易额度充分证明了这一点。

产业差异化明显的国家之间贸易领域更容易达成合作。古典贸易理论以亚当·斯密（Adam Smith）的绝对利益学说为基础，指出在一个由两个国家两种产品构成的世界中，当一个国家在一种产品的生产上具有绝对成本优势，而另一个国家在生产另一个产品上有绝对优势，两个国家在产业发展中差异巨大，各个经济体都从事自己占绝对优势的产品的生产，继而进行自由贸易，双方都可以得到绝对利益，世界总福利提高。后来大卫·李嘉图（Darid Ricardo）以绝对利益学说为基础，丰富了绝对利益学说，提出了比较利益学说，进一步指出国际分工中若两个贸易参与国生产力水平不相等，甲国在生产任何产品时成本均低于乙国，处于绝对优势，而乙国处于绝对劣势，这两个国家进行贸易的可能性依然存在，因为两国劳动力的差距并不是在任何产品上都一样。处于绝对优势的国家，不必生产全部产品，而应该集中生产本国国内具有最大优势的产品，处于绝对劣势的国家只应该停止生产在本国国内处于最大劣势的产品。通过自由交换，参与交换的各个国家可以节约社会劳动、增加产品消费，世界也因自由交换增加产量，提高劳动生产率。古典贸易理论从理论上证实了产业差异较大的国家贸易发生的可能性较大，产业差异导致的贸易互补性较强是促进贸易发展的主要原因。实际中间发达国家与发展中国家的贸易发展正是基于此理论。作为世界发展中国家的中国与作为世界发达国家美国之间贸易额度巨大，贸易发展迅速。

区域独特的经济环境对两国之间贸易有决定性的影响。要素禀赋理论的基本观点指出，每个国家以自己相对丰富的生产要素从事商品的专业化生产和国际交换，就会处于比较有利的地位，因此，在国际贸易体系中，一国出口的总是那些以自己相对丰富的要素生产的产品，而进口的是以本国稀缺的要素生产的产品。在国际贸易中，西亚国家石油资源丰富，主要以出口石油资源为主。俄罗斯等石油天然气储藏丰富的国家也大量出口此类产品。矿产资源丰富的非洲国家及拉丁美洲国家主要出口产品为农矿产品。人力资源丰富的国家主要出口劳动密集型产品或者技术密集型产品。因此，区域独特的经济环境是对该国出口贸易具有决定性的影响作用。

第三节　小　　结

本章系统地回顾了中国经济发展历程，探索中国经济发展各个阶段促进经济发展的主要推动力，指出 20 世纪 80 年代到 90 年代中期中国经济高速增长的首要推动力以改革为主、90 年代中后期到 2013 年中国经济高速增长的重要推动力是对外贸易，2013 年以后丝绸之路经济带倡议的提出、人类命运共同体的构建设想是改革开放基础上中国经济高速增长的重要推动力。经过40 多年的发展，一代又一代人的努力奋进，中国经济贸易领域取得令世界瞩目的发展成就，并对区域经济发展与国际贸易之间的关系进行论述，指出经济发展水平、消费水平、收入接近程度、产业差异程度、区域自然资源环境对贸易影响深刻。

第二章　亚洲区域经济发展与贸易

第一节　亚洲区域经济贸易发展概述

亚洲是世界最大洲，面积 4 400 万平方千米，约占世界陆地面积的 29.4%，人口约占世界的 60%，是世界人口稠密区，亚洲是佛教、伊斯兰教、基督教的发源地。

亚洲开发历史悠久，黄河流域、印度河流域、幼发拉底河流域和底格里斯河流域都是人类文明的发源地。中世纪亚洲的社会经济发展水平在世界上属于领先地位，无论农业和手工业都相当发达。16 世纪以后，西方殖民主义者和帝国主义者相继进入亚洲，占领或控制了绝大部分国家和地区。到第二世界大战前，除日本外，其余国家几乎全部沦为殖民地和半殖民地，经济极为落后，二战后亚洲政治地位发生巨大变化，绝大多数国家先后摆脱殖民统治，取得政治上的独立，随着 2002 年东帝汶的独立，亚洲国家完全实现了政治独立，经济上也取得一定的发展。特别是中华人民共和国的成立，使亚洲面貌大为改观，亚洲从 20 世纪 60 年代开始，经济发展成就引人注目，进入 20 世纪 70 年代后，经济得到持续发展，特别是亚太地区更为突出，中国自改革开放以来，发展更为迅速。东盟诸国也取得了瞩目成就，但是，由于亚洲长期遭受殖民主义和帝国主义的侵略掠夺，二战后虽取得了惊人变化，但除日本和以色列等外，都尚属于发展中国家。根据历史沿革，亚洲分为东亚、东南亚、南亚、中亚、西亚、北亚六大地区，其中，北亚为俄罗斯的西伯利亚和远东地区。

一、亚洲区域经济发展基本状况

（一）亚洲目前已成为全球经济发展最快的地区，但亚洲各国和各地区经济发展不平衡

世界近现代经济以二战为分水岭，二战以后亚洲各国各地区经济获得不同程度的发展，亚洲成为全球经济发展最快的地区，但是亚洲各国和各地区之间经济发展不平衡。首先，亚洲区域内早期经济高速增长的是日本，随着日本经济复苏，1950～1960 年，国内生产总值年均增长率高达 20% 以上；1960～1970 年国内生产总值年均增长率高达 10% 以上；1970～1980 年国内生产总值年均增长率高达 7% 以上；到 20 世纪 80 年代初期，日本经济高速增长 30 年，创造了东亚奇迹，人均 GDP 在 1981 年达到 1 万美元，2010 年达到 4.5 万美元，成为典型的发达国家，是 1950～1980 年亚洲区域经济发展的引领者。其次，亚洲区域内经济高速增长的是韩国，1960 年韩国经济开始加速发展，贯穿 20 世纪 60～80 年代，韩国经济持续高速增长了 30 年，1996 年，韩国加入发达国家经济俱乐部（OECD）。东盟经济迅速发展以新加坡为引领者，20 世纪 70 年代中期，新加坡由单一的转口贸易港一跃成为新兴的工业化国家，经济领域高速增长持续 20 世纪 70～90 年代，直到 1997 年东南亚危机来临之前，以新加坡为代表的东盟区域经济高速增长 30 年。中国经济高速增长源于 1979 年开始的改革开放，1980～2020 年经济持续 40 年高速增长，经济实力极大提高，虽然当前仍是发展中国家，但是中国经济高速增长的趋势依然向好，中国经济的高速增长是这一时间段亚洲区域经济迅速发展的引领者，鉴于中国经济巨大的发展潜力，理性乐观地预计中国经济还有很长时间的持续高速增长；印度经济高速增长起始于 1990 年，作为亚洲人口稠密的国家，从 20 世纪 90 年代到 2020 年近乎 30 年的高速增长使得印度经济实力不断增强，成为目前亚洲区域经济高速发展的重要引领者。亚洲区域内各经济体经济起飞时间不同，但是经过几十年的发展，日本发展水平最高，"四小龙"成为新兴的工业化国家和地区，中国的迅速发展、东盟诸国及印度经济的发展，使得亚洲在世界总产值中的比重不断上升，已成为全球发展最快的地区。但是，亚洲各地区经济发展不平衡，除上述经济高速增长的国家和地区以及西亚依靠石油成为收入很高的国家之外，目前为止亚洲还有一些极

不发达的国家，这些国家典型的人均收入少，文盲率高，生产不发达，人们生活困顿。

（二）亚洲是世界上能源丰富的大陆，含有丰富的石油、煤、天然气及铀矿

石油资源领域，亚洲是世界上石油储量和产量最多、最集中的地区，已探明的石油储量约占世界的 2/3 以上，同时又是世界上最大的石油输出地区和西方最大的石油供应基地，海湾地区出口的石油约占世界石油出口总量的 40%；其次中国、中亚各国（乌兹别克斯坦、哈萨克斯坦、土库曼斯坦）、里海都有丰富的石油。据不完全探测，里海的石油储量甚至超过了西亚。煤炭资源方面，亚洲煤炭资源丰富，储量约为 2 000 亿吨，占世界煤炭储量的 1/2，中国、哈萨克斯坦、印度都是煤炭资源的贮存、生产大国。中国煤炭产量居世界第一。除石油煤炭之外，亚洲的铀矿储量丰富。亚洲丰富的能源给区域带来财富的同时，也引发了灾难，石油及天然气丰富的西亚地区引发各种国际势力进入、战乱持续不断；中亚环里海国家和地区丰富的石油及天然气吸引国际各种力量纷纷抢滩，使得该区域成为新的不稳定因素。

（三）亚洲各国钢铁工业发展迅速，现已成为世界上粗钢产量最多和消费最多地区

亚洲钢铁工业发展历史悠久，20 世纪 50~80 年代，钢铁工业发展迅速的代表国家是日本，年钢产量超过 1 亿吨，是亚洲主要的产钢大国。当前，随着中国钢铁产业的迅猛发展，中国不仅是亚洲第一产钢大国，也是世界第一产钢大国，钢产量占世界总产量近乎 1/2，同时中国也是用钢大国。中国粗钢产量发展变化如表 2-1 所示。

表 2-1 　　　　　　　　　中国粗钢产量增长迅速

年份	产量（亿吨）	与上年同比增长（%）
2000	1.28	3.4
2001	1.51	18.4
2002	1.82	20.3
2003	2.22	21.9
2004	2.80	27.2
2005	3.49	24.6

年份	产量（亿吨）	与上年同比增长（%）
2006	4.23	19.7
2007	4.89	15.7
2008	5.00	1.1
2009	5.68	13.5
2010	6.37	11.4
2011	6.83	8.9
2012	7.17	3.1
2013	7.79	8.7
2014	8.23	0.9
2015	8.04	-2.3
2016	8.08	1.2
2017	8.32	5.7
2018	9.28	6.6
2019	9.96	8.3

资料来源：中国钢铁协会、世界钢铁协会、国家统计局官网。

2019 年全球粗钢产量达到 18.699 亿吨，比 2018 年增长 3.4%。2019 年，除亚洲和中东之外，所有地区的粗钢产量均收缩。2019 年亚洲粗钢产量为 13.416 亿吨，比 2018 年增长 5.7%。2019 年中国粗钢产量达到 9.963 亿吨，比 2018 年增长 8.3%。中国在全球粗钢产量中所占的份额从 2018 年的 50.9% 增至 2019 年的 53.3%[①]。除中国，日本之外，印度和韩国也是亚洲主要的钢材生产国。亚洲主要钢铁生产国钢铁产量如表 2-2 所示。

表 2-2　　　　　　　　　　亚洲主要国家钢产量

国家/地区	2018 年（百万吨）	2019 年（百万吨）
中国	920.0	996.3
印度	109.3	111.2
日本	104.3	99.3
韩国	72.5	71.4

资料来源：中国钢铁协会。

---

① 资料来源：中国钢铁协会。

（四）亚洲机械门类复杂，产品多种多样，突出的是汽车、造船和机床等

亚洲机械工业门类复杂，以汽车、造船、机床工业为代表。早期亚洲汽车工业以日本和韩国为主要生产国，20 世纪 80 年代，日本是世界第一汽车生产大国，日本汽车以耗油少、价格低、外形美远销欧美。亚洲其他国家和地区如韩国、东盟、中国、印度汽车工业 21 世纪发展迅速，总产量占世界总产量的比重不断提高，尤其是中国汽车产量增长迅猛，中国不仅是亚洲也是世界第一汽车生产大国，汽车保有量飞速增长，汽车产量在亚洲汽车产量中所占比重不断提高。造船业方面，亚洲造船业发达的国家主要为韩国、日本和中国，不仅是亚洲也是世界三大船舶生产国，总产量占世界的 80% 以上。机床产业领域，亚洲机床产量较大的国家和地区是日本、中国、韩国、印度和中国台湾地区，亚洲主要机床生产者产量位居世界第二，仅次于欧洲，同时亚洲也是重要的机床出口地区，机床出口约占世界的 1/3。

（五）亚洲电子工业发展非常迅速，现已成为世界民用电子产品的最大生产基地

亚洲电子工业发展起步较晚，早期电子工业发展是以日本为代表，起步晚于欧美，发展过程以消费类电子产品生产为主，占领世界消费类电子产品贸易领域。当前，在亚洲发展电子行业的主要国家包括日本、韩国、中国、印度等，亚洲的半导体市场规模占全球的 46% 左右。印度的软件工业居世界领先。日本、韩国的消费类高技术电子产品在世界市场占有优势。中国的电子产品发展起步晚，但是市场规模大，电子产品产量高，技术不断进步，在世界电子产业发展过程中的地位不断提升。

（六）纺织工业是亚洲的传统工业部门，发展迅速

亚洲国家除日本之外，其他国家和地区的纺织工业均发展较快，并成为出口创汇的一个重要部门。亚洲纺织品和服装出口额占世界 40% 以上，居各洲之前。目前，中国是世界上最大的纺织品和服装出口国，其次是中国香港地区以及韩国、越南、马来西亚、印度尼西亚等国家或地区，出口产品中纺织行业占较高的比重。

（七）亚洲各国的农业发展历史悠久，农业生产在很多国家的国民经济中仍占有重要地位

亚洲粮食总产量占世界粮食产量的 50% 左右，缺乏大规模的农场经营，

以个体农户经营为主，耕作较精细，现代化水平不高，以种植业为主。粮食基本自给，粮食歉收年份进口量较大。

二、亚洲对外贸易发展基本状况

（一）亚洲区域贸易自由化进程持续加速，对外贸易发展迅速

在全球贸易保护主义抬头、贸易壁垒增加的大环境下，亚洲经济体在推进区域贸易自由化、坚持多边主义维护全球经济发展方面扮演着重要角色[1]。随着亚洲国际贸易与投资的快速增长，亚洲经济体参与多个区域内或区域间自由协定。目前亚洲区域内处于生效的自由贸易协议有 50 多个，亚洲经济体与区域外经济体签署并处于生效中的自由贸易协定多达 100 多个。同时，目前亚洲自由贸易协定开放水平提高，规则标准严格，不但货物开放程度提高，同时涵盖服务贸易、投资和争端解决机制，范围更加广阔。过去 40 年间，亚洲地区贸易规模不断增加。1980 年，亚洲地区货物出口占全球货物出口的 24.8%，到 2019 年该比重已经增加到 41%，亚洲成为全球经济增长最活跃的地区。

（二）亚洲贸易出口产品结构不断优化，服务贸易发展迅速

亚洲在货物贸易领域早期主要出口的是纺织品、服装和鞋等劳动密集型产品，是世界最大供货地；亚洲资源丰富，因此，其是世界石油、天然气、铀矿等能源的最大供应地。目前，亚洲出口产品结构经过不断改善，高附加值产品出口明显增加。亚洲对外贸易的产品不仅表现为不同产业附加值的提高，由初级产品向工业制成品的转变，同时表现为同一产业内部，通过技术的提高使得产品附加值明显增加。例如，信息网络数字技术的发展，使得产品附加值明显提高。在服务贸易领域，亚洲服务贸易发展迅速，以印度为例，印度每年有数百万人在中东做医生、律师、会计师、建筑师、建筑工人、保姆等，同时在软件国际服务外包领域也发展迅速。亚洲人口稠密、劳动力丰富，随着教育的普及和教育水平的提高，亚洲在高端技术领域承包工程、服务外包等发展迅速。

---

[1]　项梦曦：《亚洲区域贸易自由化进程持续加速》，载金融时报 2021 年 1 月 21 日第 8 版。

（三）亚洲主要贸易伙伴首先是亚洲内部其他国家，贸易迅速增加

日本和亚洲其他国家的进出口贸易占日本进出口比重的40%左右，近年来中国与亚洲其他各国的进出口贸易总额不断上升，占中国进出口比重的50%以上。其次亚洲贸易伙伴是美洲和欧洲国家。美国对亚洲出口占其出口总额的1/3，亚洲对美国的出口占其出口总额的1/4。欧盟对亚洲的出口额大于对南美和北美之和，东亚已成为欧盟最大的盟外市场。亚洲与非洲和拉丁美洲国家贸易起步较晚但发展迅速，近年来，亚洲与拉丁美洲及非洲国家在初级农矿产品及石油领域的贸易增长非常迅速。

第二节　日本区域经济发展与贸易

日本是亚洲大陆东缘太平洋西北部的一个岛国，东濒太平洋，西隔东海、黄海、朝鲜海峡、日本海同中国、韩国、朝鲜、俄罗斯相望。陆地面积37.7万平方千米，领土由北海道、本州、四国和九州四大岛屿及其附近的小岛屿组成，通称日本列岛。日本人口在2000年达到1.2亿，到2020年人口数量依然是1.2亿，人口增长率为负增长或者零增长，与之相对应，在日本人口中，老龄化人口占比增长迅速，65岁及以上的老龄人口占总人口比重自2001年的17.5%上涨到2019年的28%，近1/3的老龄人口对日本经济持续发展产生严重的影响。日本人口密度较大，平均每平方千米347人（2017年），居世界前列。自然特征方面，首先，日本受海洋影响非常严重，日本列岛由东北向西南延伸，呈弧形排列，国土南北狭长，因此，日本各地距海的最近距离不超过100千米，沿岸曲折，海岸线总长度超过3万千米，优良的港湾多，对日本造船、渔业、海上运输、对外贸易十分有利。其次，日本地表崎岖，山脉纵横，地处太平洋火山地震带上，多火山多地震，是自然灾害频发的国家，对经济贸易发展有一定的影响。

一、日本近现代经济发展基本状况

（一）1950～1980年日本经济高速增长

1868年明治维新之前的日本，是一个封建的、闭关锁国的落后国家，明治维新之后，日本走上了军国主义道路，靠对外侵略起家。1894 年日本通过中日甲午战争，将中国的台湾、澎湖列岛及朝鲜吞并，并获得巨额赔款，在抢夺中国台湾和朝鲜半岛的矿产资源的基础上，发展成为军事性、封建性帝国主义国家。1937 年，日本工业居世界第五，同年全面发展侵华战争。1941 年太平洋战争爆发，日本经济完全军事化。1945 年 8 月，日本战败，经济进入崩溃的局面。自 20 世纪 50 年代起，日本进入战后迅速的恢复期，经济高速增长，20 世纪 50 年代年均增长率达 22.8%，20 世纪 60 年代年均增长率 11.1%，20 世纪 70 年代年均增长率 5.3%，其国民生产总值于 1966 年超过英国，1967 年超过法国，1968 年超过联邦德国，人均国民生产总值有的年份超过美国，[①] 贸易量均居世界前列。与经济增长迅速相对应的是日本经济占世界的比重不断增高，1960 年仅为 3.2%，之后持续上升，到 1980 年占世界比重高达 10% 左右。日本 1960～1990 年的国民生产总值年度统计如表 2-3 所示。

表 2-3　　　　　　日本 1960～1990 年国内生产总值年度统计

年份	GDP（万亿美元）	占世界的比重（%）
1990	3.13	13.8456
1989	3.05	15.2079
1988	3.07	15.9614
1987	2.53	14.7246
1986	2.08	13.7508
1985	1.40	10.9344
1980	1.11	9.8451
1975	0.52	8.8093
1970	0.21	7.1802
1965	0.09	4.6255
1960	0.04	3.2354

资料来源：国际货币基金组织。

日本战后经济发展如此迅速，有两方面原因。一是国际原因。20 世纪 50～70 年代末，是世界资本主义大发展的时期，原料充足，价格低廉，这对资源十分匮乏的日本发展经济非常有利；同时，在这个时间段，一些民族独

---

① 资料来源：经济合作与发展组织资料。

立国家为了发展民族工业，大量地从国际市场购进设备及产品，使国际市场上设备及产品的销售量大幅增加，为日本工业产品的出口提供了有利的机会；美国侵略朝鲜和越南，从日本订购军需品，对日本经济有极大的促进刺激作用。二是国内原因。首先，战败后日本紧缩军费开支，结余大量的精力以促进经济的发展；其次，在日本原有的工业基础上，大量熟练的劳动力的存在，也使日本经济迅速发展；最后，日本从欧美特别是美国引进先进的技术和资金，促进了日本经济的发展。

（二）20 世纪 80 年代开始到 90 年代中后期日本经济增长速度减慢，产业优势减弱，日本政府努力培育新产业

日本经济增长速度在经过 30 年的高速增长之后，在 20 世纪 80 年代中后期经济增长速度明显放慢，1991 ~ 1993 年负增长，1996 年开始回升，1991 ~ 1997 年 GDP 年均增长率 1.38%，低于同期美国的 2.82%，1998 ~ 2000 年经济又以负增长和低增长为主，日本 1990 ~ 2000 年国内生产总值年度统计如表 2 - 4 所示。

表 2 - 4　　　　　日本 1991 ~ 2019 年国内生产总值年度统计

年份	GDP（万亿美元）	占世界的比重（%）
2000	4.89	14.5360
1999	4.56	14.0099
1998	4.03	12.8449
1997	4.41	14.0336
1996	4.83	15.3095
1995	5.45	17.6419
1994	4.91	17.6695
1993	4.45	17.2253
1992	3.91	15.3569
1991	3.58	14.9557

资料来源：国际货币基金组织。

与日本经济增长缓慢相对应的是日本经济占世界的比重自 1995 年达到最高峰值 17.7% 之后，占世界的比重开始持续下降。这个趋势在目前依然继续，如表 2 - 5 所示，2010 ~ 2019 年日本经济依然增长缓慢，占世界的比重持续下降，到 2019 年仅为 5.8%。

表 2 - 5 日本 2011 ~ 2019 年国内生产总值年度统计

年份	GDP（万亿美元）	占世界的比重（%）
2019	5.08	5.7922
2018	4.95	5.7321
2017	4.87	5.9859
2016	4.92	6.4457
2015	4.39	5.8357
2014	4.85	6.1047
2013	5.16	6.6683
2012	6.21	8.2531
2011	6.16	8.3820

资料来源：国际货币基金组织。

日本经济缓慢增长直接导致失业率居高不下，日本经济中就业结构使得日本一直保持较低的失业率，但是自 20 世纪 90 年代以来，失业率跟历史相比明显偏高，这种高失业率直到 2018 年以后才开始降低。如表 2 - 6 所示。

表 2 - 6 日本 1985 ~ 2020 年国内失业统计 单位:%

年份	失业率
2020	3.0
2019	2.1
2018	2.5
2017	3.0
2016	3.1
2015	3.4
2014	3.6
2013	4.1
2012	4.3
2011	4.6
2010	5.1

年份	失业率
2009	5.1
2008	4.0
2007	3.9
2006	4.1
2005	4.4
2004	4.7
2003	5.3
2002	5.4
2001	5.0
1999	4.7
1998	4.1
1997	3.4
1996	3.4
1995	3.2
1990	2.1
1985	2.6

资料来源：国际货币基金组织。

日本经济增长缓慢的原因是多方面的，主要因素是体制模式陷入困境，日本在高新技术及产业领域与美国的差距明显拉大，其重实用轻基础、高度依赖引进外国的科技方式出现了问题。产业优势减弱，以往曾经产生过良好绩效的日本经济体制模式陷入困境。面对经济增长缓慢的状况，日本在经济领域不断加大培育优势产业，提高日本产品的技术含量和国际竞争能力，重点培育的新产业包括电子、能源、生命科学、新材料、宇宙和海洋开发产业，一些行业已经取得明显成效。日本政府为促进经济持续发展，正研究拟订新的经济增长战略，重点发展节能环保、新能源、汽车零部件、中小企业合作、生物医疗、ICT 产业、现代农业、老龄服务产业等方面。2017 年，日本政府内阁会议通过了新经济增长战略和财政改革基本方针，提出加大"人才投资"促进提高生产力、通过人工智能和大数据的结合等推进第四次产业革命、创造新产品和新服务实现"5.0 社会"。同时提出重点发展健康长寿、交通革命、新产业供应链、舒适生活、电子金融等领域。2019 年，日本政府内阁会议通过了新经济对策决议，政府将大力推进电子支付等新经济发展，增加对"后5G"时代通信技术研发的支持，不断培育新的产业。①

（三）燃料、原料、工业品市场严重依赖国外

日本经济发展过程中对国际原材料依赖严重，这是日本经济的典型特点。在日本，磷矿石、铝土矿、原油、木材、铁矿、铜矿、盐、煤等90%依靠国外进口，同时工业品40%左右出口到国外市场。在日本出口产品中，90%为制成品。日本这种典型对燃料、原料及工业品过多依赖国外的发展模式使日本经济受国际经济波动影响严重，无论是原材料价格的变化，还是国际市场需求的变化，都会深刻影响到日本经济的发展，日本经济对国际经济环境变化反应敏感。

（四）日本经济规模大、部门结构完整、发展水平高、工业品产量大、产品占国际市场份额大，属于典型的发达国家

日本经济规模庞大，占世界经济比重较高。1960年，日本经济占世界比重为3%，1973年，日本经济占世界的比重高达9.4%，20世纪80年代日本经济占世界比重高达两位数，占比最高的是1988年国内生产总值为3.07万亿美元，占世界经济比重高达15.96%。20世纪90年代日本经济占世界比重高达15%左右，最高的年份是1994年国内生产总值为4.91万亿美元，占世界的比重高达17.67%，进入21世纪，随着世界经济发展格局的变化，日本经济在世界经济中占比下降，但是GDP绝对规模仍然不断增加。2019年日本GDP达到5.08万亿美元，占世界经济规模的5.79%。日本经济部门结构完整、工业品产量大，很多产品名列世界前茅，日本生产密度大，每平方千米创造产值达1 344万美元。从日本GDP支出构成角度来看，2019年，消费占日本GDP比重55.82%，投资占日本GDP比重27.07%，出口占日本GDP比重17.11%。从产业结构看，第一产业占比1.2%，第二产业占比26.6%，第三产业占比72.2%。产业结构属于典型的发达国家特点。

日本经济不但发展水平高，同时节能模式先进，今天日本经济发展中有序再循环再利用的节能发展模式正在成为资源紧缺的国家的效仿榜样。

---

① 苏海和：《日本新经济增长战略或成"画饼"》，载《经济日报》2017年6月12日第12版。

（五）日本经济领域垄断特征明显

二战以前，日本经济中四大财团三井①、三菱②、住友③、富士④占据经济最高的统治地位。二战以后，日本战后经济高速增长的过程中，由于财团垄断性被削弱，日本经济中又出现了与财团不同的产业型企业集团。产业型企业集团不同于财团，其特点和核心是稳定的超大型企业作为母公司，母公司拥有直接子公司和关联公司的很大股份，施行垂直领导，很多子公司和关联公司也持有母公司的股份，从而形成了一种紧密和相互持股关系，如丰田、日立等集团。二战后三菱、三井、住友、富士（芙蓉）、三和⑤、劝业银行⑥等六大财团掌握着日本的经济命脉，掌握着日本的大量公司，控制全国资本的70%，控制着日本主要的经济命脉。

（六）日本国内经济发展地域差异明显

在日本有表日本和里日本之分，表日本约占全国面积的30%，人口的61.2%，但却是日本的政治、经济、文化金融交通中心，特别是三湾—海地区（大阪湾、东京湾、伊势湾及濑户内海）是日本经济的中心，里日本靠近日本海一侧，是日本的水稻产区及商品粮基地。

---

① 三井财团成立于1961年，目前由25家大企业组成，核心企业有樱花银行、三井物产、新王子制纸、东芝、索尼、三洋、丰田汽车、三越、东丽、三井不动产等。该财团在化工、重型机械、综合电机、汽车制造、房地产、核发电、半导体、医疗及办公电子设备等行业拥有优势。

② 三菱财团成立于1954年，共由28家大企业组成，核心企业有东京三菱银行、三菱商事、三菱重工、三菱汽车、三菱电机、本田技研、麒麟啤酒、旭玻璃等。该集团主要以汽车、成套设备、军火、电子、石油化学、飞机、造船、核能等产业为重点，并致力于城市住宅开发和新材料开发等。

③ 住友财团成立于1951年，目前由20家大企业组成，核心大企业有住友银行、住友金属、住友化学、住友电工、住友商事、松下电器、日本电器（NEC）、三洋电机、朝日啤酒等。该财团在金属业、金融业以及电气产业方面拥有优势。

④ 富士财团，成立于1966年，目前由29家大企业组成，核心企业有富士银行、日产汽车、日本钢管、札幌啤酒、日立、丸红、佳能、日本精工、久保田等，该财团在日本制造业、商业和金融业等领域拥有优势。

⑤ 三和财团成立于1967年，目前由44家大企业组成，核心企业有三和银行、日商岩井、日本电信电话（NTT）、日绵、科思摩石油、神户制钢所、夏普、日本通运、积水化学工业等。该财团在钢铁制造业、通信业、液化气、陶瓷、橡胶等行业拥有优势。

⑥ 劝银财团成立于1978年，目前由48家大企业组成，核心企业有第一劝业银行、伊藤忠商事、富士通、兼松、清水建设、川崎制铁、旭化成工业、富士电机、横滨橡胶等。该财团在化工纤维、金融、光通信、计算机、石油开发、食品等方面较有优势。

二、日本对外贸易基本策略

（一）持续推行产业政策以促进出口

日本一向把"贸易立国"作为国策，把"出口第一"作为自己的经济纲领，没有对外贸易，日本就难以生存。一方面，对钢铁、有色金属、造船、石油化学、纤维和造纸等消耗能源较多的产业进行更新；另一方面，对电子、能源、生命科学、新材料、宇宙和海洋开发产业大力进行扶持，培育产业出口优势，扩大出口。

（二）促进日元国际化，抵消日元升值的不利影响

20 世纪 80 年代，日本对外贸易受到严重的挑战，主要是来自美国的压力，美国要求日本自愿进行日元升值和出口限制，日本为解决日元汇率波动对贸易的影响，尤其是减少日元升值对贸易的不利影响，努力促进日元国际化，具体措施包括贸易中更广泛地使用日元作为结算和支付货币、吸收欧洲日元贷款和放宽发行欧洲日元债券条件，提高日元国际化程度以抵消日元波动对其外贸产生的不利影响。目前日元成为可自由兑换货币中比较重要的一员，日元汇率波动对日本贸易的影响大大减轻。

（三）大力发展对外直接投资

在日本对外贸易发展过程中，由于贸易规模的不断增加，面临的贸易摩擦也不断升温，因此，日本进行大规模的对外直接投资，以对外直接投资方式进入外国市场来替代对外贸易。日本通过对外直接投资，一方面，避开进入外国市场面临的关税及非关税壁垒，产品成功地进入别国市场，如汽车产业等；另一方面，通过对外直接投资降低生产成本，将日本马上淘汰的产业和机器转移到更不发达国家延长企业生命周期，充分利用不发达国家廉价成本获取较高利润。同时，发展对外直接投资对日本紧缺资源的稳定供给意义重大，通过投资石油、铁矿等产业，为日本提供稳定的资源和能源供给。日本对外直接投资的大力发展使得日本经济的触角触及的世界范围更加广阔，虽然贸易额度增加变化不大，但是日本是一个对外直接投资规模巨大的国家，直接投资对贸易的替代非常明显。自 1985 年首次成为世界上最大的债权国之

后，日本一直都是重要的债权国。截至 2018 年底，拥有约 1 018 万亿日元海外资产，是世界最大债权国。

（四）长期推行战略性进口保护政策

日本历来是政府主导型市场经济国家，在贸易政策制定上也不例外，无论是 20 世纪 60 年代的贸易立国，还是 20 世纪 70 年代的技术立国，都是在政府主导作用下制定并推动的，贸易立国的本质是政府干预下的贸易保护，日本政府通过进口限制，鼓励出口提高产品竞争力等方式进行贸易保护。日本以贸易立国，鼓励发展对外贸易，所以日本直接的关税和非关税虽然不高，但是间接的非关税壁垒很高，例如，技术性贸易壁垒限制主要集中在农产品、药品、生物技术产品、纺织品及服装、皮革等领域。日本贸易一直秉行重商主义策略，过分追求贸易顺差，国际储备及外汇储备居于高位，如表 2 - 7、表 2 - 8 所示。因此，贸易保护一直是战略性的根本政策。

表 2 - 7 日本 2001 ~ 2019 年国际储备统计

年份	类型	金额（亿美元）
2019	国际储备	13 224.4
2018	国际储备	12 704.7
2016	国际储备	8 848.2
2015	国际储备	8 719.0
2014	国际储备	8 505.3
2013	国际储备	8 042.5
2012	国际储备	7 993.1
2011	国际储备	8 203.7
2010	国际储备	6 901.3
2009	国际储备	6 529.3
2008	国际储备	6 561.8
2007	国际储备	6 037.9
2006	国际储备	5 856.2
2005	国际储备	5 845.7
2004	国际储备	5 378.1
2003	国际储备	4 472.3
2002	国际储备	3 400.9
2001	国际储备	3 152.9

资料来源：国际货币基金组织。

表 2 - 8　　　　　　　　　　　日本 1950～2019 年外汇储备统计

年份	类型	金额（亿美元）
2019	外汇储备	12 559
2018	外汇储备	12 094.96
2016	外汇储备	11 582.8
2015	外汇储备	11 795
2014	外汇储备	12 001.6
2013	外汇储备	12 029.2
2012	外汇储备	11 935.8
2011	外汇储备	12 212.5
2010	外汇储备	10 362.6
2009	外汇储备	9 969.55
2008	外汇储备	10 036.7
2007	外汇储备	9 483.56
2006	外汇储备	8 749.36
2005	外汇储备	8 288.13
2004	外汇储备	8 242.64
2003	外汇储备	6 527.9
2002	外汇储备	4 514.58
2001	外汇储备	3 877.27
2000	外汇储备	3 472.12
1995	外汇储备	1 724.43
1990	外汇储备	694.87
1985	外汇储备	223.28
1980	外汇储备	215.67
1975	外汇储备	106.27
1970	外汇储备	31.88
1965	外汇储备	15.69
1960	外汇储备	15.77
1955	外汇储备	9.91
1950	外汇储备	5.98

资料来源：国际货币基金组织。

（五）多边贸易、双边贸易、区域经济合作相结合的多轨制贸易政策

1955 年，日本正式加入了《关税和贸易总协定》（GATT），1995 年 1 月成为世界贸易组织（WTO）创始成员国。1952 年，日本加入了国际货币基金组织（IMF）。1964 年，日本加入 IMF 章程第 8 条，正式取消了外汇管制。2002 年 1 月与新加坡签署自由贸易协定/经济伙伴协定（FTA/EPA），其后日本与以下国家分别签署经济伙伴关系协定（EPA）：墨西哥（批准生效时间为 2005 年 4 月）、马来西亚（批准生效时间为 2006 年 7 月）、智利（批准生效时间为 2007 年 9 月）、泰国（批准生效时间为 2007 年 11 月）、印度尼西亚（批准生效时间为 2008 年 7 月）、文莱（批准生效时间为 2008 年 7 月）、菲律宾（批准生效时间为 2008 年 12 月）、东盟（批准生效时间为 2008 年 12 月）、瑞士（批准生效时间为 2009 年 9 月）、越南（批准生效时间为 2009 年 10 月）、印度（批准生效时间为 2011 年 8 月）、秘鲁（批准生效时间为 2012 年 3 月）、澳大利亚（批准生效时间为 2015 年 1 月）、蒙古国（批准生效时间为 2015 年 2 月）、2016 年 2 月签署跨太平洋伙伴关系协定（TPP12、TPP11）（批准生效时间为 2018 年 12 月），日本与欧盟 EPA（批准生效时间为 2019 年 2 月）。目前与日本正在谈判 EPA 的国家和地区有哥伦比亚、土耳其①、中日韩 FTA。

三、日本对外贸易基本状况

（一）贸易规模

日本对外贸易规模庞大，贸易是日本经济发展的主要支柱，贸易规模居世界前列，对外贸易在日本经济中占有非常重要的地位。据日本财务省和日本贸易振兴会（JETRO）统计，2019 年日本货物贸易进出口 1.43 万亿美元，同比减少 4.0%。其中，出口 7 056.8 亿美元，同比减少 4.4%；进口 7 207.6 亿美元，同比减少 11.5%。贸易逆差 150.8 亿美元。日本历年货物进出口如表 2 – 9 和表 2 – 10 所示。

---

① 资料来源：日本外务省网站（www. mofa. go. jp/mofaj/gaiko/fta）。

表 2 - 9　　　　　　　　　2001 ~ 2019 年日本货物贸易进口规模　　　　单位：亿美元

年份	进口额
2019	7 207. 4
2018	7 483. 7
2017	6 714. 3
2016	6 069. 7
2015	6 483. 2
2014	8 118. 9
2013	8 324. 1
2012	8 856. 2
2011	8 540. 7
2010	6 924. 3
2009	5 505. 3
2008	7 626. 3
2007	6 197. 4
2006	5 795. 9
2005	5 149. 3
2004	4 545. 4
2003	3 829. 3
2002	3 371. 9
2001	3 490. 9

资料来源：国际货币基金组织。

表 2 - 10　　　　　　　　2001 ~ 2019 年日本货物贸易出口规模　　　　单位：亿美元

年份	出口额
2019	7 055. 30
2018	7 382. 00
2017	6 983. 70
2016	6 448. 99
2015	6 247. 87
2014	6 902. 02
2013	7 146. 13
2012	7 986. 20
2011	8 225. 64
2010	7 697. 73
2009	5 807. 19
2008	7 820. 49

续表

年份	出口额
2007	7 142.11
2006	6 467.37
2005	5 948.60
2004	5 656.73
2003	4 718.16
2002	4 167.26
2001	4 032.41

资料来源：国际货币基金组织。

（二）进出口商品结构

日本出口产品主要以制成品为主，约占 94%，主要出口车辆及其零附件、电子产品、钢材，机床、船舶、化工产品等。运输设备、机械设备和机电产品是日本的主要出口商品，2019 年，出口额分别为 1 661.7 亿美元、1 386.5 亿美元和 1 212.0 亿美元，分别占日本出口总额的 23.5%、19.6% 和 17.2%。矿物燃料、机电产品和化工产品是日本前三大类进口商品，2019 年进口额分别为 1 553.7 亿美元、1 099.9 亿美元和 748.6 亿美元，分别占日本进口总额的 21.6%、15.3% 和 10.4%。

（三）主要的贸易伙伴

据日本财务省和 JETRO 统计，2019 年中国、美国和韩国是日本前三大贸易伙伴国，双边贸易额分别为 3 039.5 亿美元、2 190.9 亿美元和 758.2 亿美元。出口方面，美国、中国、欧盟、韩国为主要的贸易伙伴；进口方面，中国、美国、沙特、阿联酋为主要的贸易伙伴。

四、中日双边贸易

1952 年，中国与日本正式签订了第一个民间贸易协定；1962 年，签署了《关于发展中日两国民间贸易的备忘录》；1978 年，签订了《中日长期贸易协议》。经过多年的努力，两国经贸关系取得了长足发展。由于双方贸易具有很强的互补性，双方已经互为重要的贸易伙伴。中日贸易额度较大且不断增加，从 2015 年的 2 786.6 亿美元增加到 2019 年的 3 150.3 亿美元，但是增幅在不同年份差异较大。中日双边贸易中，中方保持逆差且持续增加，2015 年中方逆差为 73.2 亿美元，到 2019 年中方逆差达到 284.9 亿美元，逆差增长趋势较快。据中国海关统计，2019 年双方贸易额为 3 150.3 亿美元，同比减少 3.9%。其中，中国对日本出口额 1 432.7 亿美元，同比减少 2.6%；自日本进口额 1 717.6 亿美元，同比减少 4.9%，中方逆差 284.9 亿美元。按地区排名，日本是中国第四大贸易伙伴；按国别排名，日本是中国第二大贸易对象国。

第三节 朝鲜半岛区域经济发展与贸易

　　亚洲大陆东北部向南突出的朝鲜半岛，东濒日本海，西邻黄海，北邻鸭绿江、图们江，周围与中国有 1 359.5 千米边境线。朝鲜半岛是东北亚与东南亚的海上要冲，公元前 2333 年建立的古朝鲜是最初的国家，公元 10 世纪高丽王朝广为人知；1910 年沦为日本的"军事跳板""兵站基地"；二战时期成为日本的粮食原料劳动力供应地以及廉价产品的倾销市场；1945 年 8 月摆脱殖民地统治；1948 年 8 月南朝鲜成立大韩民国，1949 年 9 月北朝鲜成立朝鲜民主主义人民共和国；1991 年加入联合国，逐步开展以贸易为中心的经济联系。朝鲜半岛面积 22.21 万平方千米，朝鲜民主主义人民共和国面积 12.33 万平方千米，大韩民国面积 9.89 万平方千米。2/3 的人口分布在韩国，人口稠密，平均每平方千米 270 人，2019 年韩国人口 5 178 万。

一、大韩民国区域经济发展状况

（一）20 世纪 60 年代的开发计划取得成功，经济持续增长

　　自 20 世纪 60 年代开始的经济开发计划取得成功，韩国经济持续增长。1962 ~ 1979 年 GDP 年均增长率为 9.3%，20 世纪 80 年代 GDP 年均增长 8%，1990 ~ 1994 年 GDP 年均增长 7.6%，1995 年 GDP 增长 9.0%，1995 年 GDP 达到 4 517 亿美元，经济规模居 11 位，30 年经济持续高速增长，人均国民收入由曾经的 60 多美元上升到 9 628 美元（2000 年），1996 年正式加入经济合作与发展组织（OECD）。1997 年东南亚金融危机爆发，对韩国经济增长影响

明显，经济增长速度减缓。2003 年实际 GDP 增长 3.1%，2004 年增长 4.6%，2005 年增长 3.8%，2006 年增长 4.9%。2010 年增长率为 6.2%，该年的增长速度属于增长较高的年份，纵观韩国近 10 年的经济增长，基本维持在 2%~3% 的较低水平。2013 年实际 GDP 增长 2.3%，2015 年实际 GDP 增长 2.6%，2016 年实际 GDP 增长 2.8%，2017 年实际 GDP 增长 3.1%，2018 年实际 GDP 增长 2.7%，2019 年实际 GDP 增长 2.0%，到 2019 年韩国名义 GDP 为 16 570.3 亿美元，居世界第 11 位；人均 GDP 为 32 049.6 美元，居世界第 30 位。韩国历年 GDP 及人均 GDP 统计如表 2-11 所示。

表 2-11   韩国历年 GDP 及人均 GDP 统计

年份	GDP（万亿美元）	人均 GDP（美元）
2020	1.63	3.15 万
2019	1.64	3.18 万
2018	1.72	3.34 万
2017	1.62	3.16 万
2016	1.50	2.93 万
2015	1.47	2.87 万
2010	1.14	2.31 万
2005	0.93	1.94 万
2000	0.55	1.23 万
1995	0.57	1.26 万
1990	0.28	6 610
1985	0.1	2 482
1980	0.07	1 715
1975	0.02	617
1970	0.01	279
1965	\	123
1960	\	158

资料来源：世界银行。

（二）政府在韩国的经济发展过程中发挥了主导作用

微观方面，政府建立金融体系，通过配置资金控制经济发展；政府建立经济企划院，制定经济发展计划和经济政策；受政府扶持的大财团起主要作用。宏观方面，1961 年政府推出出口导向型工业化战略；1962~1966 年以打破贫困为主要目的，发展外向型经济；1967~1971 年通过农业、工业、商业、社会基础设施建设达到资源的有效配置；1972 ~ 1981 年以创造社会公平以及创造更加平等的收入分配为宗旨；1973 年政府发布重化学工业宣言并重点培育钢铁、有色金属、石油、机械、造船、电子六大战略部门，新产业的培育提高出口产品的技术含量和国际竞争力，促进对外贸易的发展；1982 ~ 1992 年以稳定经济作为主要目标，强调自由竞争；1985 年，政府提出技术立国，旨在发展技术密集型产业、半导体产业、计算机技术等九大重点研究开发领域，产业结构迅速升级，农林水产比重急剧下降，制造业和服务业地位明显提高，产业结构向发达国家转型。1993 ~ 1997 年实施新经济计划，加速经济国际化。

（三）产业结构迅速升级

目前韩国经济中重点/特色产业主要有信息通信技术（ICT）产业，优势产品是半导体、平板显示器，2018 年，韩国信息通信技术产值为 2 605.3 美元，同比增长 12.6%，占 GDP 的 16.1%；汽车产业方面，根据韩国产业通商资源部和韩国汽车产业协会统计数据显示，2019 年，韩国汽车产量 395 万辆，全球排名第七，约占全球市场份额的 4.2%，现代汽车、起亚汽车、韩国通用汽车公司、双龙汽车公司（印度公司控股）和雷诺三星是主要的汽车公司。目前韩国政府将新型环保汽车产业作为重点扶持对象，无人驾驶汽车、电动汽车等新型环保汽车发展迅速。造船产业是韩国重点产业，韩国造船产业在全球居领先地位，特别是在液化天然气（LNG）运输船、超大型原油运输船（VLCC）、液化天然气驱动船、环保型运输船等高技术、高附加值船舶领域占据着优势。2018 年，韩国政府出台了振兴海运造船业的 5 年计划，设立了专门的国有控股公司（韩国海洋振兴公社）助力海运造船业振兴。同年时隔 6 年重回"世界造船订单量第一"，并于 2019 年再次蝉联。石化工业作为韩国重要的国家核心产业，是典型的资本密集型和技术集约型产业，为电子、汽车、纤维、航空航天、精密化学以及生物技术（IT）、信息技术（BT）、网络技术（NT）等相关产业提供基础原材料。2019 年，乙烯产能达 981.6 万吨，位居世界第四，占全球产能的 5.6%。主要出口产品为合成树脂、合成纤维、合成橡胶。2019 年，上述三种产品产量分别为 1 378.6 万吨、701.1 万吨、74.9 万吨。韩国石油化学工业所需原油全部依赖进口，连续 19 年占据韩国进口首位。2019 年，进口原油 107 192 万桶，进口总额为 701.9 亿美元。三大石化工业中心分别是丽水、台山、蔚山。通用机械制造业是韩国经济的重要支柱产业之一，在全球排名第八。据韩国机械研究院统计，2019 年韩国通用机械产业总产值为 104.1 万亿韩元，占整体 GDP 的 5.44%；2019 年出口额为 603 亿美元，同比减少 4.3%。目前由于中美贸易摩擦和日本出口管制及全球贸易保护主义影响，产品出口有所下降。航空航天产业起步较晚但是发展迅速，1992 年 8 月，韩国第一颗科学实验卫星"韩国星 1 号"进入太阳同步轨道，成为世界航天俱乐部第 22 个成员。2010 年 6 月，韩国自主研发的通信卫星"COMS - 1 号"发射成功，使韩国成为世界第 10 个能研制和使用通信卫星的国家。韩国与俄罗斯在航天领域的合作较为深入。2013 年 1 月，韩国与俄罗斯共同研制的罗老号运载火箭成功将科学卫星送至指定轨道，使韩国成为世界上第十个能发射卫星的国家。2011 年 5 月，韩国航空宇宙产业公司基于 T - 50 超音速教练机研制的轻型攻击机 FA - 50 首飞成功。T - 50 超音速教练机出口至印度尼西亚，也使韩国成为世界上第六个出口超音速飞机的国家。据韩国宇宙航空产业振兴协会统计，韩国 2019 年航空航天行业产值为 53.29 亿美元，同比增加 13.14%；出口额为 27.81 亿美元，同比增加 6.15%。主要产品有飞机机体、飞机成品、飞机引擎等。目前，韩国航空航天产业企业数量约 110 家，其中韩国航空宇宙产业、大韩航空、韩华泰科为前三大企业，产值占 86%。机器人产业是韩国新兴产业，发展迅速。据韩国机器人产业协会统计，2017 年韩国的机器人产业生产规模为 50 万亿韩元，同比增长 11.6%，出口额为 1.0984 万亿韩元，同比增长 17.6%；2018 年韩国机器人产业市场规模为 5.06 万亿韩元，同比增长 1.4%，出口额为 1.13 万亿韩元，同比增长 3%。韩国在汽车、机电电子行业中广泛使用机器人，机器人使用密度居全球首位。从产品类型来看，生产型机器人、个人服务型机器人、专业服务型机器人和机器人零部件在生产总值中分别占到 60.4%、7.2%、5.0% 和 27.4%。2018 年共有 2 508 家机器人企业，同比增加 14.5%。其中 2 413 家是中小企业，占比 96.2%。其他传统产业如钢铁产业、电力产业、铁路产业、轻纺服装、有色金属产业等传统产业延续过去的发展基础，平稳发展。

（四）基础技术的研究与开发比较落后，对外依赖性强

韩国经济发展过程中，技术优势处于长期培育阶段，基础技术的研究与开发比较落后，对外依赖性强，关键性零配件，材料、生产设备依赖于日、美等发达国家。[①]

---

① 对外直接投资区位指南（韩国）。

二、韩国对外贸易发展状况

(一) 韩国对外贸易发展迅速,贸易规模大

第二次世界大战以后韩国经济发展从早期的进口替代型很快地转为出口导向型发展战略,外向型经济发展使得韩国经济迅速增长,对外贸易发展迅速。从对外贸易额度的增长看,1950 年进出口总额为 2. 42 亿美元,1960 年进出口总额为 3. 76 亿美元,1970 年进出口总额为 28. 2 亿美元,1980 年进出口总额为 398. 05 亿美元,1990 年进出口总额为 1 349. 13 亿美元,2000 年进出口总额为 3 327. 15 亿美元,2010 年进出口总额为 8 916. 06 亿美元,2020 年进出口总额为 9 800. 8 亿美元。国际储备方面,1950 年只有 0. 27 亿美元,1960 年为 1. 57 亿美元,1970 年为 6. 1 亿美元,1980 年为 23. 04 亿美元,1990 年为 104. 9 亿美元,2000 年为 737. 97 亿美元,2010 年为 1 892. 92 亿美元,2019 年为 3 878. 76 亿美元,2020 年 7 月达到 4 153. 88 亿美元。从这些增长数据来看,韩国对外贸易在 20 世纪的 70 年代和 80 年代、90 年代迅速增长,21 世纪 20 年代对外贸易依然高速增长。根据世界贸易组织公布的《2020 年全球主要国家贸易动向》,韩国出口世界排名第七位,对外贸易居世界第九位。韩国历年对外贸易进出口额统计如表 2 – 12 所示。韩国对外贸易无论是进口额还是出口额,共同特点都是增长迅速,占世界比重较高。贸易发展过程中,韩国外汇储备高位运行,历年韩国外汇储备如表 2 – 13 所示。

表 2 – 12　　　　2001 ~ 2019 年韩国历年对外贸易进出口额统计　　　单位:亿美元

年份	出口额	进口额
2019	5 424. 1	5 032. 30
2018	6 051. 7	5 351. 70
2017	5 737. 2	4 784. 10
2016	5 357. 39	4 436. 95
2015	5 267. 57	4 364. 99
2014	5 726. 65	5 255. 15
2013	5 596. 32	5 155. 86
2012	5 478. 7	5 195. 84
2011	5 552. 14	5 244. 13

年份	出口额	进口额
2010	4 663.84	4 252.12
2009	3 635.34	3 230.85
2008	4 220.07	4 352.75
2007	3 714.92	3 568.52
2006	3 254.68	3 093.50
2005	2 844.22	2 675.59
2004	2 538.47	2 244.54
2003	1 938.19	1 788.23
2002	1 624.84	1 520.71
2001	1 504.15	1 410.55

资料来源：国际货币基金组织。

表 2 – 13   **2001 ~ 2019 年韩国历年对外贸易外汇储备统计**   单位：亿美元

年份	外汇储备
2019	3 978.76
2018	3 933.32
2016	3 617.01
2015	3 585.14
2014	3 536.00
2013	3 356.47
2012	3 168.98
2011	2 982.33
2010	2 869.26
2009	2 652.02
2008	2 004.79
2007	2 617.71
2006	2 383.88
2005	2 099.68
2004	1 981.75
2003	1 545.09
2002	1 208.11
2001	1 024.87

资料来源：国际货币基金组织。

（二）国民经济对贸易依存度较大

韩国经济发展的重要特征就是贸易立国、注重出口。目前韩国的制造业整体雇佣人员为 403 万人，其中 320 万人与出口有关，占 80%。韩国经济发展对贸易依赖很深，经济中对外贸易依存度一直较高，2003 年对外贸易依存度为 70.6%，这是比较普遍的状况，2008 年对外贸易依存度高达110.7%，2009 年对外贸易依存度达 98.8%，2010 年对外贸易依存度达105.2%，2011 年对外贸易依存度高达 113.2%，2012 年回落到 70.4%，2019 年韩国对外进出口总额 10 455.8 亿美元，占同期 GDP 的 63.75%。居高不下的对外贸易依存度使得韩国经济对世界经济环境变化反应敏感，尤其是国际原材料价格波动、国际产品需求市场波动都会对韩国经济产生深刻的影响。

（三）出口产品结构明显优化

20 世纪 80 年代，韩国的出口仍以劳动密集型产品为主，服装是第一大出口商品，所占比例为 11.7%，其次为鞋类和人造纤维，分别占 5.2%和 3.2%。20 世纪 90 年代开始，韩国的出口产品开始逐步升级。出口产品主要是机电、车辆、造船、化工、钢铁。进口产品主要是资源类、机电产品、钢铁、车辆及化工产品。2000 年以来，高附加值产品的出口成为主流。半导体芯片成为第一大出口商品，占全部出口的 15% 左右。计算机所占比例为 10% 左右，船舶和汽车所占比例分别为 10% 左右。石化产品也成为出口大户，所占比例达到 5% 左右。出口贸易已经成为拉动韩国经济增长的主要动力。

（四）贸易多边化成果显著

韩国政府注重贸易多元化，积极发展多边贸易，成果显著。韩国既是WTO 成员又是 WTO《政府采购协议》缔约方。截至 2020 年 3 月，韩国已与55 个国家（地区）签署生效了 16 个自贸协定，主要包括美国、中国、欧盟27 国、东盟 10 国、印度、澳大利亚、加拿大、新西兰、智利、新加坡、土耳其、越南、哥伦比亚、中美洲 5 国等。韩国与英国已签署自贸协定并获韩国国会批准；韩国与以色列、印度尼西亚已达成自贸协定，但尚未签署。此外，正在谈判的自贸协定有 6 个，包括区域全面经济伙伴关系（RCEP）、中日韩自贸协定、韩国－菲律宾自贸协定、韩国－俄罗斯自贸协定、韩国－南方共同市场自贸协定、韩国－马来西亚自贸协定；正在进行升级谈判的有 4 个，包括韩国－东盟自贸协定、韩国－印度 CEPA、韩国－智利自贸协定、中韩自贸协定第二阶段谈判；进行联合研究或准备开始谈判的有 2 个，包括韩国－巴拿马自贸协定、韩国－欧亚经济联盟自贸协定。①

自贸协定的谈判是韩国对外贸易伙伴和范围明显变化，韩国对外贸易范围明显扩大，出口对象国达到 235 个。外贸方向也发生了巨变，对发达国家的贸易逐渐减少，早期韩国对外贸易主要伙伴是美国、日本等国家，但是目前对新兴市场国家的贸易则快速增长。2008 年以来，接连发生的国际金融危机和欧美债务危机导致发达国家购买力明显降低。在这种情况下，韩国出口依然保持增长，占世界市场的份额不降反升，其主要原因就是贸易多元化战略的成功。据韩国央行和关税厅进出口统计，韩国对美贸易依赖度 1990 年曾高达 27.7%，1995 年为 21%，2000 年为 20.1%，2005 年为 13.2%。2011 年 1~10 月为 9.3%，下降 2/3。同时，韩国对日本的外贸依赖度 1990 年为 23.1%，2011 年 1~10 月为 10%，下降 1/2 以上。相反，韩国对发展中国家贸易增长较快，以中国为例，韩国对华贸易占其贸易总量的比例 1991 年仅为 2.9%，2011 年前 10 个月已经达到 20.4%，超过美国与日本的总和。韩国与东盟、朝鲜贸易发展较快，与东亚地区贸易伙伴贸易稳定增长。东亚国家（地区）和韩国具有地缘上的优势，传统上是韩国重要贸易伙伴，韩国与东亚国家之间的贸易占比约为 50%。韩国与中东欧自由贸易区、南方共同市场和安第斯共同体国家贸易保持较快增长。

2019 年，韩国与中国双边货物进出口贸易总额为 2 434.3 亿美元。韩国对中国出口商品总额为 1 362.0 亿美元；韩国从中国进口商品总额为 1 072.3 亿美元。中国不仅是韩国最大的贸易伙伴，同时还是韩国最大的出口、进口贸易伙伴。目前（2019 年），韩国出口排名前三的是中国、美国、越南；进口排名前三的是中国、美国、日本，中国成为韩国最大的贸易伙伴。韩国贸易逆差主要源于日本、德国和中东的一些产油国家；贸易顺差主要来自中国和美国。

---

① 对外直接投资国别指南（韩国）。

第四节　东南亚区域经济发展与贸易

　　亚洲的东南部地区，又称"南洋"，由中南半岛及马来半岛和马来群岛组成，面积 407 万平方千米，占亚洲的 1/10，若加上印度尼西亚属大洋洲的领土伊里安岛的西半部，总面积为 448 万平方千米，国家有越南、老挝、柬埔寨、泰国、马来西亚、新加坡、印度尼西亚、文莱、东帝汶、菲律宾，地理位置十分重要。东南亚是亚洲与大洋洲，太平洋与印度洋的咽喉，主要国际运输海峡是马六甲海峡和龙目海峡。马六甲海峡位于马来半岛与苏门答腊岛之间，长度为 1 185 千米，最窄处为 37 千米，水深 25～151 米，28 万吨级轮船空载可以通过，是世界最繁忙的海峡。龙目海峡，全长约 60 千米，位于巴厘岛和龙目岛之间，最窄处宽 11 千米，主航道水深 160 米以上，是新兴国际深水航线，可以通过任何船只，但是龙目海峡地理位置较偏僻，从波斯湾到日本的海洋里程多了 1 017 海里（1 180 千米），大约需要 3 天时间，因此，部分轮船为节约时间和费用，少装货物选择马六甲海峡，目前龙目海峡通过 30% 左右，马六甲海峡通过 70% 左右。

一、东南亚区域经济基本状况

　　一方面，东南亚地区国家获得民族独立之后，经济领域尽力扭转殖民地特点，大力发展制造业。

　　由于殖民统治，不合理的国际分工，结构畸形单一，20 世纪 50 年代中期，缅甸出口中 75% 为水稻，泰国出口中 65% 为水稻，马来西亚 60% 为香蕉，印度尼西亚 40% 为橡胶。20 世纪 60 年代后期到 70 年代，东南亚迅速发展起来，首先是新加坡经济迅速发展，在 20 世纪 70 年代由单一出口贸易港一跃成为新兴工业化国家；马来西亚和泰国在 20 世纪 80 年代中期工业品出口占总出口额的 1/2，工业品出口比重的提高标志着这些国家由单一农矿产品出口的发展中国家向工业化国家发展的历史突破。

　　另一方面，东南亚国家通过实行对外开放，使得国民经济迅速增长，国民经济结构取得很大的改善。尤其是新加坡和印度尼西亚发展具有代表性。东南亚国家历年经济增长统计如表 2－14 所示。

表 2 - 14 　　　　　　　　　　东南亚国家经济发展历年 GDP 　　　　　　　　单位：亿美元

国家	2020 年	2019 年	2018 年	2017 年	2016 年	2015 年
印度尼西亚	10 584	11 190	10 422	10 156	9 319	8 609
新加坡	3 123	3 330	3209	3 057	2 975	2 942
泰国	5 017	5 443	5 066	4 563	4 134	4 013
马来西亚	3 367	3 647	3 587	3 191	3 013	3 014
菲律宾	3 615	3 768	3 468	3 284	3 186	3 064
越南	2 712	2 619	2 452	2 238	2 052	1 932
缅甸	762	798	687	671	614	602
柬埔寨	253	271	246	222	200	181
老挝	191	182	180	168	158	143
文莱	120	135	136	121	114	129
东帝汶	24	26	23	22	29	37

资料来源：国际货币基金组织。

（一）新加坡①

新加坡位于马来半岛南端、马六甲海峡出入口，北隔柔佛海峡与马来西亚相邻，南隔新加坡海峡与印度尼西亚相望。由新加坡岛及附近 63 个小岛组成。新加坡面积只有 622.6 平方千米②，截至 2019 年 6 月，新加坡总人口 570.36 万，其中，居民 402.62 万（包括 350.09 万公民和 52.53 万永久居民），非本地居民 167.74 万③。总人口增长率 1.2%，人口密度 7 932 人/平方千米，20 世纪 70 年代，实现了由进口替代发展模式向出口导向型发展模式的转变，由劳动密集型产业向技术密集型产业的转变，以电子工业为主导，经济开始起飞，到 20 世纪 80 年代后期，引进高科技产业，经济持续发展。1998 年人均国民生产总值达到 30 060 美元，21 世纪以来，新加坡经济发展与亚洲经济息息相关，随着亚太经济的迅速发展而不断增长。2003 年、2004 年、2005 年、2006 年的经济增长率分别为 1.4%、8.4%、6.4%、6.0%。2010 年、2011 年、2012 年、2013 年的经济增长率分别为 18.1%、4.9%、1.2%、3.7%。

---

① 东南亚区域经济发展中有两个具有典型代表的国家，一是人均收入高且地理位置重要的新加坡，二是东南亚人口最多且经济规模最大的印度尼西亚。本书以此为代表进行阐述。

② 新加坡填海造地进行多年，陆地面积不断增加，政府计划到 2030 年再填海造地 100 平方千米。

③ 新加坡年龄中位数 41.1 岁，65 岁及以上人口占 14.4%，老龄化严重。

2014 年、2015 年、2016 年、2017 年、2018 年、2019 年的经济增长率分别为
2.9%、2%、2%、3.6%、3.2%、0.7%。2019 年国内生产总值 GDP 为 3 721
亿美元，人均 GDP 为 65 166 美元，是典型的高收入国家。

新加坡是世界重要的制造业中心、金融中心、航运中心、贸易中心。制
造业领域，电子工业是新加坡的重要产业，2019 年产值为 1 352.3 亿新元，
占制造业总产值的 41.88%。主要产品包括：半导体、计算机设备、数据存
储设备、电信及消费电子产品等。其次是石化工业，新加坡是世界第三大炼
油中心和石油贸易枢纽之一，也是亚洲石油产品定价中心，日原油加工能力
超过 130 万桶，2019 年精炼石油行业产值为 382.62 亿新元，占制造业总产值
的 11.9%。精密工程业是新加坡重要产业，2019 年产值为 383.2 亿新元，占
制造业总产值的 11.4%，就业人数为 9.34 万人。主要产品包括半导体引线
焊接机和球焊机、自动卧式插件机、半导体与工业设备等。生物医药业是新
加坡近年重点培育的战略性新兴产业，2019 年产值为 362.7 亿新元，占制造
业总产值的 10.8%，就业人数为 2.44 万人。世界十大制药公司等国际著名
医药企业主要落户在启奥生物医药研究园区和大士生物医药园区。金融贸易
方面，作为世界金融中心和贸易中心，新加坡目前是全球第三大金融中心、
第三大外汇交易市场和第六大财富管理中心（2015 年底资产管理规模为 2.6
万亿新元，约合 1.86 万亿美元），是亚洲美元中心市场，也是全球第三大离
岸人民币中心。2019 年 GDP 为 667.21 亿新元，占 GDP 总额的 13.1%。截至
2019 年底，包括 131 家银行、397 家银行代表处、187 家保险公司以及全球各主
要基金公司、经纪公司等近 1 600 多家金融机构在新加坡设立了分支机构；截
至 2019 年 10 月，人民币累计清算额为 275 万亿元，上市公司 796 家，总市
值为 7 258.9 亿美元。新加坡的运输仓储业、资讯通信业、旅游业、海事工
程业、商业服务业、批发零售业比较发达，在国民经济中占有较高的比重。①

（二）印度尼西亚

印度尼西亚面积为 190.4 万平方千米，人口总数为 2.68 亿（2019 年），
印度尼西亚是多民族国家，是东盟经济规模最大的国家，自 20 世纪 60 年代
中期对外开放，经济得到很大发展，华族经济在印度尼西亚经济中占有重要
地位。21 世纪以来，随着亚太经济的迅速发展，印度尼西亚经济高速增长。

---

① 对外直接投资区位指南（新加坡）。

2003 年、2004 年、2005 年、2006 年的经济增长分别为 4.9%、5.1%、5.6%、6.2%。2008 年受国际金融危机的影响，印度尼西亚经济依然保持了较高的增长率。继 2009 年、2010 年、2011 年分别实现 4.5%、6.1%、6.5%的经济增长后，2010 年、2011 年、2012 年、2013 年经济增长率分别为 6.1%、6.5%、6.3%、5.8%。2014 年[①]、2015 年、2016 年经济增长率分别为 5.02%、4.8%、5%。2017 年印度尼西亚经济同比增长 5.07%，2018 年印度尼西亚经济同比增长 5.17%，2019 年印度尼西亚国内 GDP 约为 11 200 亿美元，同比增长 5.02%，人均 GDP 约为 4 200 美元。

在印度尼西亚的经济发展中，其矿产资源丰富，分布广泛，主要的矿产品有锡、铝、镍、铁、铜、锡、金、银、煤等。采矿业为印度尼西亚国民经济发展创造了可观的经济效益，它是出口创汇、增加中央和地方财政收入的重要来源，也为保持经济活力、创造就业和发展地区经济做出了积极贡献。印度尼西亚油气资源丰富，共有 66 个油气盆地，政府公布的石油储量为 97 亿桶，折合 13.1 亿吨，其中核实储量 47.4 亿桶，折合 6.4 亿吨。其天然气储量 176.6 万亿标准立方英尺（TCF），折合 4.8 万亿 ~5.1 万亿立方米。近年来印度尼西亚石油产量逐渐下降，自 2003 年以来，印度尼西亚已成为石油净进口国[②]，油气产业的长期发展使得其在印度尼西亚国民经济中占据重要地位。农林渔业是印度尼西亚的另一大重点产业，印度尼西亚是一个农业大国，全国耕地面积约为 8 000 万公顷，从事农业的人口约为 4 200 万人。印度尼西亚自然条件得天独厚，气候湿润多雨，日照充足，农作物生长周期短，主要经济作物有棕榈油、橡胶、咖啡、可可。印度尼西亚森林覆盖率为54.25%，达 1 亿公顷，是世界第三大热带森林国家，全国有 3 000 万人依靠林业维持生计。作为世界上最大的群岛国家，印度尼西亚海岸线 8.1 万千米，水域面积 580 万平方千米，包括领海渔业区 270 万平方千米，专属经济区 310万平方千米。渔业资源丰富，海洋鱼类多达 7 000 种，政府估计潜在捕捞量超过 800 万吨/年，目前已开发的海洋渔业产量占总渔业产量的 77.7%，专属经济区的渔业资源还未充分开发。[③] 工业制造业方面，印度尼西亚的工业

---

① 印度尼西亚中央统计局从 2014 年开始，将实际 GDP 的计算基准年由原来的 2000 年改成了 2010 年。如果按照原来的基准，2014 年的增长率为 5.06%。

② 2008 年初印度尼西亚宣布退出石油输出国组织（欧佩克）。

③ 中国和美国已成为印度尼西亚渔产品出口最大市场，虾类、金枪鱼和花蟹出口至美国最多，而鱿鱼、墨鱼、章鱼和海草出口至中国最多。

化水平相对不高，制造业有 30 多个不同种类的部门，主要有纺织、电子、木材加工、钢铁、机械、汽车、纸浆、纸张、化工、橡胶加工、皮革、制鞋、食品、饮料等。其中，纺织、电子、木材加工、钢铁、机械、汽车是出口创汇的重要门类。印度尼西亚旅游资源非常丰富，拥有许多风景秀丽的热带自然景观、丰富多彩的民族文化和历史遗迹，发展旅游业具有得天独厚的条件。从 20 世纪 70 年代起，印度尼西亚大力发展旅游业，兴建星级酒店等旅游基础设施，通过发展旅游业的法规，逐步扩大到印度尼西亚旅游免办签证的国家，并采取其他有力措施，多方吸引外国游客。2018 年，赴印度尼西亚旅游的国外游客为 1 581 万人次，马来西亚、中国、新加坡、东帝汶和澳大利亚为印度尼西亚前五大游客来源地。旅游业日益成为印度尼西亚一个重要的创汇行业。[①]

二、东南亚区域对外贸易

东南亚国家联盟在东南亚经济贸易中扮演着重要的角色，是东南亚经济贸易发展的重要纽带。东南亚国家联盟简称东盟，前身是 1961 年 7 月由马来西亚、菲律宾和泰国在泰国曼谷成立的东南亚联盟。1967 年 8 月，《曼谷宣言》发布，印度尼西亚、泰国、新加坡、菲律宾、马来西亚正式宣告东盟成立，其后文莱（1984 年）、越南（1995 年）、老挝（1997 年）、缅甸（1997 年）和柬埔寨（1999 年）先后加入，东盟由最初成立时的 5 个成员扩大到 10 个成员[②]，分别为菲律宾、泰国、新加坡、印度尼西亚、文莱、越南、老挝、缅甸和柬埔寨。自成立以来，东盟在推动一体化和提升整体实力方面稳步前行。1992 年正式提出建立东盟自由贸易区。2008 年 12 月《东盟宪章》生效，2015 年 12 月以政治安全共同体、经济共同体和社会文化共同体三大支柱为基础的东盟共同体正式成立，并通过愿景文件《东盟 2025：携手前行》，东盟框架内经济一体化道路上迈进一大步。截至 2019 年底，东盟 10 国人口近 6.61 亿，国内生产总值 3.17 万亿美元。

东南亚国家对外贸易发展迅速，尤其是东盟自贸区的建立，使得东盟内部成员贸易发展迅速。典型国家为新加坡和印度尼西亚。

---

① 对外直接投资区位指南（印度尼西亚）。
② 东帝汶目前是东盟观察员国。

（一） 新加坡

新加坡倡导贸易立国，对外贸易占国民生产总值的 1/2 以上。2019 年新加坡货物贸易额 10 222.26 亿新元，其中，出口 5 325.14 亿新元，进口 4 897.12 亿新元，下降 2.1%，贸易顺差 428.02 亿新元。2019 年新加坡服务贸易额 5 509.34 亿新元，其中，出口 2 793.98 亿新元，进口 2 715.36 亿新元，贸易逆差 78.63 亿新元。

从新加坡出口商品结构看，新加坡的主要出口产品为机电产品、矿产品和化工产品。主要进口产品为机电产品、矿产品和运输设备。2019 年新加坡非石油类主要出口商品为机械及运输装备（58.2%）、化工产品（16.9%）、杂项制品（11.0%）；主要进口商品为机械及运输装备（61.2%）、化工产品（10.5%）、杂项制品（10.5%）等。2019 年新加坡服务贸易主要出口类别为运输（28.5%）、货运（22.2%）、金融（14.3%）、广告和市场调查（9.9%）、旅游（9.8%）、商业服务（9.8%）和电讯信息服务（7.2%）；主要进口类别为运输（30.7%）、货运（19.8%）、旅游（13.4%）、商业服务（9.7%）、知识产权（8.1%）和电讯信息服务（7.3%）。

新加坡主要的贸易伙伴为东盟内部成员以及中国、日本、美国。2019 年主要出口市场为中国内地、中国香港、马来西亚、美国、印度尼西亚、日本、泰国、韩国和中国台湾地区；主要进口来源地为中国、美国、马来西亚、日本、印度尼西亚、韩国、法国和中国台湾地区。中国为新加坡第一大货物贸易伙伴、第一大出口市场和第一大进口来源。

（二） 印度尼西亚

印度尼西亚对外贸易发展历史悠久，对外贸易在国民经济中占有重要地位。据印度尼西亚中央统计局统计，2019 年印度尼西亚货物进出口额为 3 373.9 亿美元。其中，出口 1 670 亿美元，进口 1 703.9 亿美元。贸易逆差 33.9 亿美元，下降 60%。

印度尼西亚主要贸易伙伴是中国、日本、美国、新加坡、印度、韩国等，2019 年印度尼西亚对前四国分别出口 340.6 亿美元、176.5 亿美元、159.3 亿美元和 129.3 亿美元；进口方面，中国是印度尼西亚第一进口来源国，新加坡和日本是另外两大主要进口来源国，2019 年印度尼西亚自新加坡和日本进口 171 亿美元和 156.1 亿美元，占印度尼西亚进口总额的 10% 和 9.2%。

印度尼西亚主要出口商品有矿物燃料、动植物油、机电产品、橡胶及制品，贵金属及制品等。其他主要出口商品还有矿砂、运输设备、纸张、纺织品、鞋类制品和木制品等。印度尼西亚主要进口商品主要有矿物燃料、机械设备、机电产品、塑料制品、钢材；其他进口商品主要有有机化学品、运输设备、航天器、钢铁、粮食、肥料、橡胶制品、棉花和无机化学品等。

第五节　南亚区域经济发展与贸易

南亚泛指喜马拉雅山南侧到印度洋的广大地区，面积为430万平方千米，人口占世界1/5左右，主要以白色人种、黑色人种及混血人种为主。区内包括7个国家，分别是印度、巴基斯坦、孟加拉国、尼泊尔、不丹、斯里兰卡、马尔代夫。

一、南亚区域经济发展状况

南亚地区地势低平坦荡，土壤肥沃，水热充足并蕴藏多种资源，内外交通也很方便，有发展生产的良好条件，近代由于殖民统治以及封建生产关系，使得南亚地区在20世纪90年代前经济基础差并且发展缓慢，1965～1989年，全区国民生产总值增长不到2倍，1989年区内人均产值330美元（同期东盟850美元），人口占世界的1/5左右，区内产值占世界2%，80%的人生活在农村，不丹、尼泊尔、孟加拉国都是典型的发展中国家。南亚地区在该段时间发展经济社会缓慢的主要原因有两方面：一方面是政治不稳定、社会不安定。南亚经济发展过程中，长期的殖民统治对社会稳定负面影响深刻久远，种族问题错综复杂，这些对南亚经济社会高速发展制约严重，使得这一段时期南亚成为世界经济发展缓慢的地区。另一方面是人口增长与经济发展不相适应。南亚人口尤其是印度增长快速，1965～1990年年均增长率高达23‰（同期世界平均增长率为15‰），相应地区内生产总值增长不到2倍，人口的过度增长使得生产消费过多但是经济积累较少，经济发展比较缓慢。20世纪90年代以后，南亚地区经济发展较迅速，尤其是南亚国家印度经济改革取得的成效对南亚地区经济发展影响较大。南亚地区经济发展状况如表2－15所示。

表 2-15   南亚国家经济发展历年 GDP   单位：亿美元

国家	2020 年	2019 年	2018 年	2017 年	2016 年	2015 年
印度	26 230	28 705	27 011	26 515	22 948	21 036
巴基斯坦	2 637	2 782	3 146	3 046	2 787	2 706
孟加拉国	3 242	3 026	2 740	2 497	2 214	1 951
尼泊尔	347	352	315	272	241	241
不丹	22	24	22	21	19	18
斯里兰卡	807	840	880	874	824	806
马尔代夫	40	56	53	48	43	41

资料来源：国际货币基金组织。

二、南亚区域对外贸易

南亚地区经济发展起步较晚，在贸易领域占世界贸易份额不显著。近几年南亚服务贸易表现突出，印度每年有近百万人在中东国家当医生、建筑工人、保姆等，年创外汇近 40 亿美元，极大地促进了南亚对外服务贸易的发展。货物贸易方面，南亚地区主要的出口产品为纺织服装、电脑软件、机械产品、手工艺品、茶、黄麻、大米等；南亚进口产品中制成品占 54%，燃料占 20%，主要进口产品包括机械设备、化工原料、化肥、钢铁、石油、纸张。南亚区域进出口市场分布主要包括美国、日本、德国、英国、沙特阿拉伯和中国香港。

印度在南亚国家中无论是经济规模、人口数量还是国土面积都位居前列，其经济发展对南亚地区经济发展意义有较强的促进作用。印度经济发展基本特点如下。

1. 20 世纪 90 年代开始的改革促使经济快速增长

印度独立后至 20 世纪 80 年代前期经济平均年增长率只有 3.5%，80 年代上升为 5%~6%。20 世纪 90 年代以后，印度实行了大规模的经济改革，1991 年 7 月，印度开始实行全面经济改革，放松对工业、外贸和金融部门的管制。1992~1997 年，经济年均增长率为 6.7%。1997~2002 年，经济年均增长率有所下降，为5.5%①。1999年开始实行第二阶段经济改革，深化第二阶段经济改革，加速国有企业私有化，改善投资环境，精简政府机构，削减财政赤字，大力引进外资，发展对外贸易，绩效显著。进入21世纪初经济每年以8%~9%的增速快速增长。2002~2007年，国内生产总值年均增长率均达到7.6%。2007~2012年，国内生产总值年均增长率均达到7.6%。根据新的统计方法②，印度2013/14、2014/15、2015/16财年GDP增速分别为6.9%、7.4%、7.6%；2016/17财年GDP增速7.1%；2017/18财年GDP增速7.2%③；2018年印度经济增长率为6.75%；2019年印度经济增长率仍然高达6.11%，国内生产总值达到2.9万亿美元。

2. 大力发展对外贸易促进经济增长

印度经济发展过程中，印度自20世纪90年代开始改革开放，大力发展对外贸易。在具体策略上，印度改变过去的进口替代策略，转变为出口导向策略，发展对外贸易。为促进印度产品出口，政府对企业提供各种鼓励和金融政策，例如，大幅度地削减关税和进口许可证；促使卢比贬值，1991年卢比贬值22%，1993年货币完成汇率并轨，随着本国货币汇率对外贬值，降低本国出口产品以外币表示的价格，提高本国产品在外国市场上的价格竞争优势，促进企业扩大出口，发展对外贸易；在国内降低非关税壁垒促进进口贸易发展；积极引进外资，增加社会投资促进经济发展，以建立经济特区为手段，鼓励企业参与国际国内竞争，使得对外贸易迅速发展，进而拉动印度经济高速发展。

3. 大力发展IT产业提高产品竞争力

在产业领域印度大力发展电子工业，扩大国内理工科大学招生，放宽有关通信领域的限制，完善通信领域网络建设，2003年国内工程技术学位获得者达29.8万人。印度软件产品在美国市场占有率为60%，中国进口美国的80%的软件产品有70%是在印度生产。印度在核能、航天和计算机等尖端工业中达到世界先进水平，拥有一批人数众多的科技队伍，计算机软件出口量仅次于美国，位居世界第二。

---

① 李玮：《物联网连接"印度制造"与"数字印度"》，载《物联网技术》2016年第7期。
② 2015年1月30日，印度中央统计局调整了GDP的统计方法。
③ 资料来源于印度统计部。从2011/12财年开始印度按照新统计方法计算。

4. 结合本国特点大力发展第三产业

印度在发展过程中，结合自身人口基数大的特点，大力发展第三产业。印度加大教育力度，以工程师、建筑师、会计师、律师以及电子产业为核心的高技术类第三产业迅速发展，同时，印度在建筑工人、保姆等技术含量较低的第三产业也迅速发展，目前第三产业在三大产业中占比超过 50%。第三产业的飞速增长，加大了就业力度，增加了国民财富，促进经济飞速增长。

三、印度对外贸易基本状况

（一）不同级别贸易协定的签订促进对外贸易迅速发展

为促进对外贸易持续发展，印度在贸易领域与多国签订不同级别的贸易协定。目前，印度与东盟、不丹、阿富汗、斯里兰卡、日本、韩国、马来西亚、新加坡、智利签有自由贸易协议；印度、孟加拉国、斯里兰卡、尼泊尔、不丹、马尔代夫 6 国共同签署了南亚自由贸易区协议；印度还在与海合会、南方共同市场、南部非洲关税同盟、欧盟、澳大利亚、新西兰、印度尼西亚、以色列等伙伴进行自贸协议谈判，并参与区域全面经济伙伴关系（RCEP）谈判。印度与南方共同市场（MERCOSUR）于 2003 年签署框架协议，确定分两个阶段达成自由贸易协议；2004 年签署优惠贸易协议（PTA）。南方共同市场给予印度产品的关税减让清单包含 452 个产品；印度给予南方共同市场产品关税减让清单包含 450 个产品。

（二）印度对外贸易规模

印度自 20 世纪 90 年代改革以来，在经济迅速增长的同时，对外贸易增长迅速，占世界贸易份额不断增加。印度 2018/19 财年商品和服务贸易出口总额初步统计为 5 354.5 亿美元，比上年同期增长 7.97%；进口总额为 6 312.9 亿美元，同比增长 8.48%；商品和服务贸易总逆差 958.5 亿美元。2018 年 1～12 月，印度货物进出口总额 8 368.9 亿美元，同比增长 11.7%，其中，出口 3 247.2 亿美元，同比增长 8.5%；进口 5 121.7 亿美元，同比增长 13.8%；贸易逆差 1 874.5 亿美元，同比增加 23.5%。[①]

---

① 资料来源：印度商工部年度贸易报告。

（三）印度对外贸易结构

出口方面：矿产品、化工产品和贵金属及制品是印度的主要出口商品，2018 年出口额分别为 526.5 亿美元、446.9 亿美元和 401.4 亿美元，占印度出口总额的 16.2%、13.8% 和 12.4%，矿产品出口增长 28.7%，化工产品和贵金属及制品出口分别增长 13.8% 和 12.4%。

进口方面：矿产品、机电产品和贵金属及制品是印度进口的前三大类商品，2018 年合计进口 3 378.9 亿美元，占印度进口总额的 66.0%。第一大类矿产品进口增长 34.7%，第二大类化工产品进口增长 13.6%，第三大类贵金属及制品进口下降 14.0%。

（四）印度主要贸易伙伴及市场

2018 年主要贸易伙伴占印度货物贸易总额的比例：中国内地（10.76%）、美国（10.2%）、阿联酋（6.62%）、沙特（4.02%）、中国香港（3.48%）、德国（2.87%）、韩国（2.54%）、印度尼西亚（2.48%）。2018 年印度前十大进口来源地中国内地（738.7 亿美元）占其进口总额的 14.4%，美国（341.5 亿美元）占其进口总额的 6.6%，沙特（282.4 亿美元）占其进口总额的 5.5%，此外是阿联酋（268.8 亿美元）、伊拉克（230.8 亿美元）、瑞士（180.3 亿美元）、韩国（163.8 亿美元）、印度尼西亚（160.3 亿美元）、中国香港（159.7 亿美元）和德国（151.4 亿美元）。2018 年印度前十大出口市场美国（514.2 亿美元）占印度出口总额的 15.8%，阿联酋（287.2 亿美元）占印度出口总额的 8.9%，中国内地（165.1 亿美元）占印度出口总额的 5.1%，此外是中国香港（132.8 亿美元）、新加坡（130.7 亿美元）、英国（98 亿美元）、孟加拉国（91.9 亿美元）、德国（89.7 亿美元）、芬兰（86.4 亿美元）和尼泊尔（78 亿美元）。①

（五）印度主要贸易逆差和顺差来源地

印度 2018 年三大贸易逆差来源地：中国 572.2 亿美元、逆差额下降 3.6%，沙特 228.7 亿美元、逆差额增长 44.4%，伊拉克 212.7 亿美元、逆差额增长 51.4%。三大贸易顺差来源地：美国 179.0 亿美元，与美国顺差额下

---

① 资料来源：印度商工部年度贸易报告。

降 15.6% ；孟加拉国 81.8 亿美元，与孟加拉国顺差额增长 11.7% ；尼泊尔 73.1 亿美元，与尼泊尔顺差额增长 30.7% 。

（六）印度服务贸易

2018/19 财年，印度服务进出口总额达 3 282.9 亿美元，服务贸易顺差 805.7 亿美元。服务出口 2 044.3 亿美元，同比增长 6.26% ；服务进口 1 238.6 亿美元，同比增长 6.43% 。服务贸易结构方面，传统服务部门如运输和旅游在印度服务贸易中的占比并不高。计算机和信息服务、通信服务、金融服务等在其对外服务贸易中却占据相当大的比例，特别是信息技术产业，印度比较优势明显，目前已经成为仅次于美国的世界第二大软件大国。服务出口主要包括计算机和信息服务、旅游、运输以及其他商业服务。其中，计算机和信息服务出口占比超过 1/3 ；交通运输服务进口占比超过 40% 。

第六节 西亚区域经济发展与贸易

西亚区域经济的显著特点是对石油业依赖严重，无论是石油丰富的国家还是石油短缺国家，经济发展都与石油息息相关。石油储量丰富的国家，在石油繁荣期收入大增。历史上石油价格上涨时期，石油储藏丰富的国家依靠出口石油及石油制品获得巨额的石油收入。1973 ~ 1982 年，石油价格上涨时期石油储藏国获取超过 10 万亿美元石油收入；1998 ~ 2008 年，石油繁荣时期西亚攫取巨额的石油收入。但是，石油是不可再生的资源，一旦石油资源枯竭，西亚文明进步就会受到阻碍，因此，西亚国家加紧调整产业结构，减少经济对原油出口的过度依赖，发展石油工业促进出口产品的多元化，促进西亚经济合理发展。

西亚非石油输出国经济发展与石油输出国密切相关，石油输出国经济良好，石油出口发展收入大增时期，西亚非石油输出国经济发展也比较良好，依靠邻近石油输出国的有利地理地位，在运输和加工原油、提供劳务和商品方面，依赖石油输出国。例如，约旦—无土地二无石油，通过输出劳务，挣得外汇，发展本国制造业。

西亚水资源短缺，分布不平衡。著名的两条河流幼发拉底河和低格里斯河，土耳其处在河流上游，在径流总量中分别占到 89% 和 51% ，土耳其准备在两条河流上建造 22 座水坝和 19 座水电站，提供全国 1/2 的灌溉水源和电能，使国家东南部建设成为中东的面包篮。

西亚区域对外贸易领域是原油贸易一枝独秀。西亚石油占世界贸易的 2/3，是主要的石油贸易大区，主要产品是石油、天然气，外贸中存在大量顺差。西亚石油主要出口的区位市场包括日本、美国、西欧及中国；西亚向中国出口石油、化肥，从中国进口纺织服装、鞋、玩具、机械、电子产品等。

巨额石油收入的背后是世界石油进口国家的巨大外汇支出，在石油价格上升期，进口国不得不采用节约能源、寻找替代品等方法减少石油依赖。过高的油价对世界经济的影响深刻久远，世界各种利益集团角逐于该区域，因此，石油在给西亚带来巨额收入的同时，也是西亚战乱频发的主要原因。今天的西亚依然战乱频繁，对经济产生严重的影响。

第七节　小　　结

亚洲作为目前世界经济增长最具活力的区域，本章在概述亚洲经济、贸易发展基本状况的基础上，根据亚洲传统经济区域和地理区域的划分，分别阐述东亚区域的日本经济发展历史、目前经济基本特征、对外贸易基本策略及状况；韩国经济基本状况、经济发展历程及对外贸易状况；东南亚区域基本经济特点、典型国家新加坡和印度尼西亚的经济发展及对外贸易；南亚地区区域经济发展概况、典型国家印度的经济发展特点及对外贸易基本状况；西亚地区鲜明经济特点及其发展。平和细致的阐述给中国从事该领域活动的人们提供经验借鉴及发展指引。

本节阅读资料

一、日本六大财团简介[①]

在二战结束前日本的财团被称为财阀，是明治维新后因政府的扶植而逐步发展形成的具有垄断性质的大型控股公司（也被称为财阀康采恩）。这些以产业资本、商业资本和金融资本相结合的财阀，形成于日本的产业革命时

---

① 日本六大财团．网址：http：//baike. baidu. com/view/1056963. html，2008 - 04 - 20。

期，在国家的扶持和保护下，主要出现了十几家财团，其中最有实力的是三井、三菱、住友、安田四家，通称日本的"四大财阀"。二战后，美国政府为了自身的经济利益，以反垄断为名，对旧财阀实行了抑制政策，解散了日本的财阀组织，但保留其银行组织的存在。从 1951 年开始，美国出于冷战的需要，又逐步采取了扶持垄断资本的政策，促使日本的财阀组织重新组合。

经过此次重生，日本财阀的封建性和封闭性都极大地弱化了。新形成的六大财团相对于旧财阀，最为显著的特点是以金融机构为中心，财团内各企业环形持股，即银行与企业、企业与企业之间交叉持股；同时，其民主性、开放性和竞争性都有所增强。各财团形成的主要标志之一是"社长会"的成立，社长会是财团主要成员企业最高负责人组成的集团最高协调机构，事实上具有类似"大股东会"的性质。各财团社长会的名称各异，成员企业间就重大问题通过社长会协商解决，社长会也是研究财团重大经营战略的中枢机构，但它不具备强制约束力。

（一）住友集团

日本最古老的企业集团之一，拥有 400 多年历史。早在 16 世纪时，住友家族就在四国岛上开创并经营铜矿，明治维新之后，引进外国先进技术和机械，铜生产能力得到极大提高，相继开展机械工业、石炭工业、电线制造业、林业等，逐步发展成以工矿业和金融业为中心的近代财团。过去住友集团的核心是住友银行、住友金属工业、住友化学三家企业。目前住友集团新的核心是住友商事、住友电器工业、日本电气三家公司。住友集团现有主要的企业有 20 家，分别是日新电机株式会社、住友化学株式会社、住友重机械工业株式会社、三井住友银行株式会社、住友金属工业株式会社、住友金属矿山株式会社、住友商事株式会社、住友信托银行株式会社、住友信托银行株式会社、住友生命保险株式会社、住友石炭矿业株式会社住友仓库株式会社、住友电气工业株式会社、三井住友海上火灾保险株式会社、日本板硝子株式会社、日本电器股份有限公司（NEC）、住友不动产株式会社、住友大阪水泥株式会社、住友轻金属工业株式会社、三井住友建设株式会社、住友酚醛塑料株式会社、住友林业株式会社、住友橡胶株式会社，其中多家企业进入世界 500 强的行列。住友集团的管理核心是白水会，由住友集团旗下核心企业领导人定期举行总经理会议而形成。此外，住友集团中还拥有许多准住友系统企业，以及松下电器产业、马自达、朝日啤酒等住友周边工业，集团的凝聚力空前强大。

（二）三井财团

三井财团的前身是由三井家族统治的三井财阀，创建于 1673 年。目前核心成员有 24 家大垄断公司，其中，银行 2 家、保险公司 2 家、工矿企业 15 家、商社 1 家、大百货商店 1 家、房地产行业 1 家和运输企业 2 家。由这些企业组成的经理会称为二木会，是三井财团的最高领导机构。除了二木会成员企业以外，还有 16 家直系子公司。此外，三井财团还通过贷款、持股和人事关系，控制着一批旁系公司，其中持股率超过 10% 的联带公司达 114 家。目前三井财团二木会的成员包括总公司及其子公司和关联公司，会员数量共达 150 多家。

（三）三菱财团

三菱财阀的历史可以追溯到 1870 年，经营海运和商贸等业务。目前三菱集团核心公司 29 家，分别是旭硝子股份有限公司、麒麟麦酒股份有限公司、新日本石油股份有限公司、东京海上日动火灾保险股份有限公司、尼康股份有限公司、日本邮船股份有限公司、P. S. 三菱建筑股份有限公司、三菱铝业股份有限公司、三菱化学股份有限公司、三菱化工机股份有限公司、三菱瓦斯化学股份有限公司、三菱地所股份有限公司、三菱汽车工业股份有限公司、三菱重工业股份有限公司、三菱树脂股份有限公司、三菱商事股份有限公司、三菱伸铜股份有限公司、三菱制钢股份有限公司、三菱制纸股份有限公司、三菱物流股份有限公司、三菱综合研究所股份有限公司、三菱电机股份有限公司、三菱电线工业股份有限公司、三菱东京 UFJ 银行有限公司、三菱扶桑卡客车股份有限公司、三菱原料股份有限公司、三菱 UFJ 信托银行有限公司、三菱人造纤维股份有限公司、明治安田生命保险相互会社。

（四）富士财团

富士财团正式成立于 1966 年，目前由 30 家左右的大企业组成。日本人称富士山为"芙蓉之峰"，所以富士财团又称芙蓉财团，该财团在日本制造业、商业和金融业等各个重要领域都有较大的影响力。其核心企业有富士银行、日产汽车、日本钢管、札幌啤酒、日立、丸红、佳能以及日本生产轴承最大企业日本精工及农业机械最大厂家久保田等。以纺织业起家的丸红商社是日本的大型综合商社，是世界最大的商贸企业之一。富士财团的经理会称"芙蓉会"。

（五）三和财团

三和财团成立于 1967 年，目前由 44 家大企业组成。其核心企业有三和银行、日商岩井、日本电信电话（NTT）、日绵、科思摩石油、神户制钢所、夏普、日本通运、积水化学工业等。其中，日商岩井及日绵居日本九大商社之列。该财团在钢铁制造业、通讯业、液化气、陶瓷、橡胶等行业有较强实力。其经理会称"三水会"（三水会，每月第三个星期三聚会，日语星期三为"水曜日"）。

（六）劝银财团

劝银财团成立于1978年，目前由48家大企业组成。该财团是六大财团中成立时间最晚却成员最多的一个财团。其核心企业有第一劝业银行、伊藤忠商事、富士通、兼松、清水建设、川崎制铁、旭化成工业、富士电机、横滨橡胶等。该财团在化工纤维、金融、光通信、计算机、石油开发、食品等方面较有优势。其经理会称"三金会"（三金会，每月第三个星期五聚会，日语星期五为"金曜日"）。

二、日本外交政策

日本外交政策的基本取向是坚持以日美同盟为基轴，以亚洲为战略依托，重视发展大国关系，积极参与地区及全球事务，谋求政治大国地位。

（一）日本同美国的经贸关系

1945年9月至1951年9月，战败后的日本处于美国直接军事占领之下。1951年9月签订《对日和平条约》《日美安全保障条约》，结束对日占领，结成军事同盟关系。1996年4月，日美发表《日美安保联合宣言》。"9·11"事件后，日本全力支持美国反恐行动。2016年2月，日美等12个国家正式签署跨太平洋伙伴关系协定（TPP），2017年1月美国正式宣布美国退出TPP。2019年10月，日美两国政府在美国白宫签署了贸易协定，协议自2020年1月生效后，日本对美国产农产品及食品征收的关税将降至跨太平洋伙伴关系协定（TPP）水平。

（二）日本同欧盟的经贸关系

日本重视发展同欧盟的关系。1991年日欧签署《日欧共同宣言》，确立全面发展双边关系的指导原则、共同目标和定期磋商制度。2017年12月，日欧达成经济伙伴关系协定（EPA）。2019年2月，日欧EPA正式生效。2020年1月，英国正式"脱欧"，日本政府多次表示将迅速推进与英国的经济伙伴关系协定谈判。

（三）日本同俄罗斯的经贸关系

1991年12月苏联解体后，日本立即承认俄罗斯联邦政府。北方领土问题是影响日俄关系发展的主要障碍。日俄 1993 年签署《东京宣言》。2003 年双方签署《日俄联合声明》及《行动计划》，确认构筑"符合两国战略和地缘利益的创造性伙伴关系"，并达成加强政治对话、开展国际合作等六点共识。

（四）日本与朝鲜基本无经贸关系

1991 年，日本政府代表团在朝鲜建国后首次访朝，建交谈判无果而终。2009 年朝鲜第二次核试后，日本政府决定单独追加对朝制裁措施，包括全面禁止对朝出口、限制日朝间人员往来等。2011 年，日本政府决定延长对朝鲜单独制裁。2013 年，半岛局势持续紧张，日本政府宣布禁止朝鲜船只进入日本港口，同时延长 2 年对朝鲜的单方面制裁。2015 年，因为政府间磋商将无法继续，日本决定将对朝鲜制裁延长 2 年。2017 年，鉴于解决朝鲜绑架日本人问题不见进展，而且朝方多次发射弹道导弹和实施核试验，日本政府决定把对朝鲜的单边制裁延长 2 年，继续全面禁止对朝进出口和所有朝鲜籍船舶入港。扩大对朝鲜的单方经济制裁范围，将涉朝核导计划的金融服务、运输、煤炭及矿物贸易等三个行业的团体或个人列为新增制裁对象。

（五）日本同韩国的经贸关系

日韩两国于 1965 年 12 月缔结基本关系条约并建交。日韩经济关系和人员往来均十分密切，两国贸易关系紧密。但是日韩关系也受到历史、领土问题影响。2019 年 7 月，因贸易摩擦、领土争议、"慰安妇"问题、二战劳工赔偿问题等新老问题发生争端，日本政府经济产业省宣布对韩国实施严格的半导体出口限制，将原来对出口企业三年一审改为每次审查。2019 年 8 月，日本内阁会议通过相关法案的修订，将韩国剔除出贸易优惠白名单。韩国政府随即宣布把日本移出韩国的出口"白名单"。

（六）日本同东盟国家的经贸关系

日本政府十分重视同东盟国家的关系。双方沟通往来机制较多，有东亚峰会、日本—东盟领导人会议、外长会议、经济部长会议等。日本目前是东盟的第四大贸易伙伴，日本是东盟第三大外国直接投资来源国。2008 年，日本与东盟正式签署经济伙伴关系协定。《东盟—日本友好合作愿景声明》《东盟—日本全面经济伙伴协定》《区域全面经济伙伴关系协定》等协议的拟订及推进增加日本与东盟的深度合作。日本给东盟—日本融入基金会、日本—东亚青年、学生交流计划等增拨款项进一步加深区域内人员交流、经济合作。

（七）日本同印度的经贸关系

1952 年，日印建交，两国关系发展平稳。2016 年 11 月，双方签署了日本向印度出口核电站的核能协定。2017 年，首脑会晤确认加强海上安保合作。2018 年，首脑会谈并发表联合声明，决定设置外交和国防"2 + 2"部长级别磋商机制，并开始就《相互提供物资与劳务协定》进行谈判，进一步推动两国人文交流。

（八）日本同中国的经贸关系

1972 年 9 月 29 日，中日邦交正常化。1978 年，双方缔结《中日友好和平条约》，两国的政治、经济、文化和科技交往日益增多。多年来，由于日本侵华战争的历史问题、钓鱼岛和东海主权问题以及日本对华贸易壁垒问题等，中日关系在不断波折中取得进展。①

---

① 资料来源：对外直接投资国别指南（日本）。

第三章　欧洲区域经济发展与贸易

欧洲位于东半球的西北部、欧亚大陆的西端，北邻北冰洋，西邻大西洋，南邻地中海，东部及东南部与亚洲相连，面积 1 016 万平方千米，占世界陆地面积的 6.8%，是世界第六大洲，目前有 45 个国家和地区，大部分为发达国家。欧洲地理划分如下。北欧有挪威、瑞典、芬兰、丹麦、冰岛、法罗群岛；西欧有英国、爱尔兰、法国、荷兰、比利时、卢森堡；中欧有德国、波兰、捷克、斯洛伐克、匈牙利、瑞士、列支敦士登；南欧有葡萄牙、西班牙、安道尔、摩纳哥、意大利、梵蒂冈、圣马力诺、斯洛文尼亚、克罗地亚、塞尔维亚、黑山、波斯尼亚、黑塞哥维那（波黑）、马其顿、希腊、阿尔巴尼亚、保加利亚、罗马里亚、马耳他、直布罗陀；东欧有俄罗斯、爱沙尼亚、拉脱维亚、立陶宛、白俄罗斯、乌克兰、摩尔多瓦。人口方面，目前欧洲人口约 7.4 亿人，占世界人口的 10.4%，居世界第三，人口分布均匀，平均 70人/平方千米，2020 年城镇化率达到 75%。

第一节　欧洲区域经济基本状况

一、欧洲工业发达，是典型的发达资本主义地区

欧洲是资本主义发祥地，也是世界上近代科技文化发展最早的地区，在先进技术的支持下，欧洲开始向外扩张，世界很多地区沦为欧洲的殖民地，是欧洲粮食、原料供应地，是欧洲的工业品销售市场和投资场所。直到二战后，欧洲实力开始衰退，美苏进驻欧洲，分为东欧和西欧，1989 年，东欧剧变，两德统一，"冷战"结束。目前在欧洲经济、政治发挥作用的组织是欧洲经济联盟。欧洲绝大多数国家的工业生产水平都很高，工业在各国国民经

济中占主导地位，欧洲工业品产量大，技术先进，很多产品名列前茅。主要的工业领域如下。

1. 机械工业领域

欧洲机械工业发达，在各国国民经济中地位突出，欧洲机械工业部门复杂，产品种类繁多，技术先进，各国发展重点有所不同，主要有重型机器制造、数控机床、工业机器人、欧洲的精密仪器制造、光学仪器制造、钟表业、电机、汽车、造船、机车车辆、飞机制造。

2. 化学工业领域

欧洲化学工业门类齐全，水平高、规模大，发展迅速，既生产酸碱等基本化工产品，也生产有机产品和化肥，且石油和天然气为原料的新型化学工业发展迅速。例如，欧洲合成橡胶产量占世界的40%，世界十大化学公司有七家在欧洲。

3. 电子工业领域

电子工业是欧洲战后迅速发展起来的部门，产品包括电子计算机、半导体和通信器材。2005 年提出"I2010"五年发展计划，重在发展欧盟经济中最具潜力的 ICT 产业。2005 年，欧盟 ICT（信息通信技术）市场总值超过6 140亿欧元，该行业对欧盟生产力增长的贡献率达到40%，对 GDP 的贡献率达到25%。诺基亚、西门子、飞利浦等都是世界著名电子产品类大公司。

二、欧盟在欧洲经济中扮演着重要角色

欧洲经济中重要的一体化组织是欧洲联盟，欧盟在欧洲区域经济中发挥着重要作用。

欧盟的前身是欧共体，早在 1951 年，法国、联邦德国、意大利、荷兰、比利时、卢森堡六国建立"欧洲煤钢联营"，实质是建立在私人与国家垄断资本高度发达基础上的国际联盟，1952 年该条约生效；1957 年在罗马签订"欧洲经济共同体""欧洲原子能联盟"，1958 年条约生效；1967 年"欧洲煤钢联营"和"欧洲原子能联盟"并入"欧洲经济共同体"，这就是活跃在历史舞台上很长时间的欧共体。1991 年签订《经济与货币联盟条约》《政治联盟条约》；1993 年马斯特利赫特条约生效，欧盟正式启动，取代原来的欧共体。目前欧盟维系欧洲国家的主要支柱如下：在欧共体时期，其发展典型的

三个支柱分别是关税同盟、共同的农业政策、经济和货币联盟。关税同盟是指建立共同的对外关税，成员国之间取消彼此的关税和数量限制，为区内贸易经济发展开辟道路。共同的农业政策方面，自 1962 年开始实施的共同农业政策，主要包括建立农业共同市场、设立共同农业基金、对成员国农产品实行统一的价格管理和价格保障，以促进农产品的自由流动、当市场价格低于干预价格，共同体有义务以干预价格收购成员国的农产品。对农产品出口进行补贴等方面。经济和货币联盟，主要是建立一个没有边界、人员、商品、资本、劳务可以自由流动并统一货币的大市场。在欧盟取代欧共体之后，欧盟三个典型的支柱分别是经济货币联盟、共同的外交与安全政策、共同的司法与警务合作。经济货币联方面，1998 年欧盟根据各成员国赤字、国债、通货膨胀、利率确定有资格参加联盟的国家；1999 年 1 月 1 日，欧元正式启动；2002 年 1 月 1 日，有形欧元问世，成为新的货币；2002 年 7 月 1 日各国原货币退出流通，欧元区的国家统一使用欧元。其次共同的外交与安全政策、共同的司法与警务合作使得欧盟国家在一体化的道路上更深一步。随着爱沙尼亚等国正式加入欧盟，形成一个横跨东西欧 26 个国家、面积超过 400 万平方米、人口超过 4.5 亿、产值超过 10 万亿欧元的新欧盟。欧盟的成员有法国、德国、意大利、荷兰、比利时、卢森堡、丹麦、爱尔兰、希腊、葡萄牙、西班牙、奥地利、瑞典、芬兰、马耳他、塞浦路斯、波兰、匈牙利、捷克、斯洛伐克、斯洛文尼亚、爱沙尼亚、拉脱维亚、立陶宛、罗马尼亚、保加利亚等。

三、在欧洲对外贸易中，欧盟成员国占比较大

欧洲出口市场区位分布主要在欧洲内部，内部贸易占 70% 以上。美国为最大的外部贸易伙伴，其次为中国、日本。主要出口产品包括制成品占 3/4，汽车、机床、化工产品、电子产品、高科技产品比重大，爱尔兰高科技产品出口占 41.3%；农产品出口增长快，占世界市场的 1/3，谷物、肉类、水果、蔬菜、海产品。主要进口产品包括初级产品，工业原料、石油等，以及制成品机床、电气设备、办公设备、电子信息产品、通信产品。

第二节　俄罗斯区域经济发展与贸易

俄罗斯包括欧洲东部和亚洲北部，面积 1 707 万平方千米，约占世界陆

地面积的 1/9 多，是世界上面积最大的国家，领土呈长方形，东西跨径度 170 多度，最长处 900 千米，南北跨纬度 35 度，最宽处 4 300 多千米，同我国的内蒙古、黑龙江、吉林等省份有连接，陆地上与 144 个国家为邻，与 3 个大洋沟通。俄罗斯是一个以俄罗斯人为主体的地广人稀的多民族国家，俄罗斯人占 82% 以上，2020 年人口为 1.44 亿，人口密度 8.3 人/平方千米，相当于世界的 1/4（36 人/平方千米），人口地域分布不均。欧洲地区的人口占全俄的 3/4，面积仅为 1/4；占国土 3/4 的亚洲地区，人口仅占 1/4，2.5 人/平方千米。城市人口占 73%，人口自 20 世纪 90 年代以来呈负增长。

一、俄罗斯区域经济基本状况

（一）工业门类齐全，重工业基础雄厚，资源型工业发达，轻工业发展相对较慢

1992 年以来，俄罗斯基本确立了市场经济体制，约 3/4 的企业实现了非国有化，由于体制转轨，俄罗斯经济出现几年的停滞和衰退，自 21 世纪初以来进入平稳发展阶段。俄罗斯经济规模庞大，很多产品处于世界领先，在国际贸易中的地位加强。俄罗斯工业门类齐全，主要部门：能源、化工、航空航天、木材加工、采矿等。能源工业领域，俄罗斯的石油、天然气、煤炭、核燃料以及水能源资源均较丰富，油气已探明储量分别为 108 亿吨和 43.3 万亿立方米，分别占世界总储量的 13% 和 35%。2012 年，俄罗斯年产原油约达到 5.18 亿吨，天然气开采量为 6 715 亿立方米。2012 年，俄罗斯原油日产量达 1 037 万桶，超过沙特的 947 万桶，成为全球最大石油生产国。煤炭、商用煤储量超过 2 000 亿吨，也是主要的出口物资；电力工业也很发达。机械制造业领域是俄罗斯工业的核心，主要有机床、汽车、造船、飞机制造、重型机械、农用机器制造等部门，在世界上处于领先地位。钢铁工业、化学工业、采矿业、造纸和木材加工业等部门都很发达。

（二）过去农业受自然条件影响发展薄弱，近几年发生根本变化

过去受自然条件和人为因素的影响俄罗斯农业发展薄弱，但近年来发生了根本改变：过去一直是进口国，单产低、耕作粗放，自然条件中热量资源和水资源分布不一致，水势矛盾尖锐，由北向南，热量增大；由北至南，河

流减少，因此，北部湿冷，南部干热，不利于农业发展，虽然耕地面积 1.3 亿公顷，人均 0.9 公顷，但由于自然和人为因素，过去一直进口粮食。目前，俄罗斯实行改革，农业状况发生了改变，人为经营不善少了，粮食不但自给，还出口国外，自 2001 年起粮食常年出口近千万吨。

（三）经济增长但未能摆脱对石油等原材料出口的依赖

上一轮石油价格猛增，俄罗斯获得巨额美元收入，经济持续稳定增长。石油天然气工业是俄罗斯经济的主导产业，关系国家预算收入、贸易平衡乃至经济发展水平和国家兴衰。油气收入约占俄罗斯预算收入的 50%，外贸出口额的 2/3。在俄罗斯的预算中，超过 40% 都源于与石油和天然气相关的税收。可以说，油气资源是该国经济的最大驱动力。石油美元收入是俄罗斯在 20 世纪 90 年代提前偿还对国际货币基金组织、巴黎俱乐部的绝大多数债务，国家外债从 1999 年的 90% 下降到 2005 年的 4.7%（稳定基金制：俄罗斯经济一时无法摆脱对出口石油的严重依赖，政府在石油高价的额外收入作为稳定基金，以一定的比例存储起来，以便在石油价格暴跌时适用于政府支出。目前初步确定稳定基金占年 GDP 的 5.2%）。同时，石油收入是俄罗斯经济实力增强，国民经济中历史遗留的很多矛盾得以解决。俄罗斯近几年国内生产总值及增速如表 3－1 所示。

表 3－1　　　　俄罗斯 2010～2019 年国内生产总值及增长速度

年份	国内生产总值（万亿美元）	同比增速（%）
2019	1.7	2
2018	1.7	2.8
2017	1.6	1.8
2016	1.3	0.2
2015	1.4	－2.0
2014	2.1	0.7
2013	2.2	1.8
2012	2.2	4.0
2011	2.0	4.3
2010	1.5	4.5

资料来源：中经数据。

二、俄罗斯对外贸易状况

(一)贸易规模

俄罗斯对外贸易发展平稳,贸易规模变动幅度不大。根据俄罗斯联邦海关公布的数据,2015 年,俄罗斯对外贸易额为 5 304 亿美元,其中,出口额为 3 459 亿美元,进口额为 1 845 亿美元,贸易顺差 1 614 亿美元。2016 年,俄罗斯对外贸易额为 4 712 亿美元,其中,出口额为 2 876 亿美元,进口额为 1 836 亿美元,贸易顺差 1 040 亿美元。2017 年,俄罗斯对外贸易额为 5 876 亿美元,出口 3 591 亿美元,进口 2 285 亿美元,贸易顺差 1 306 亿美元。2018 年,俄罗斯对外贸易额为 6 926 亿美元;出口 4 521 亿美元,同比下降 25.6%;进口 2 405 亿美元,同比增长 5.1%,贸易顺差 2 116 亿美元。2019 年,俄罗斯对外贸易额为 6 720 亿美元,出口 4 264 亿美元,同比下降 6%;进口 2 474 亿美元,同比增长 2.7%,贸易顺差 1 772 亿美元。

(二)进出口产品结构

俄罗斯主要的出口产品结构是能源原材料、金属矿砂、军火、粮食;主要的进口产品结构是制成品、食品。俄罗斯是全球第二大石油出口国、最大的天然气出口国。根据俄罗斯联邦海关公布的数据,2019 年俄罗斯出口产品中矿产资源类产品出口 2 677 亿美元,占俄罗斯出口额的 63.3%。其他各主要出口商品依次为:金属及其制品 375 亿美元,占 8.9%;车辆和设备 277 亿美元,占 6.5%;化工产品 270 亿美元,占 6.4%;食品及农业原料 248 亿美元,占 5.9%;木材及其制品 128 亿美元,占 3%。2019 年机电产品为俄罗斯主要进口商品,进口额为 1 125 亿美元,占俄罗斯进口总额的 46.2%。其他主要进口商品依次为:化工产品 478 亿美元,占 19.6%;食品及农业原料 299 亿美元,占 12.2%;金属及其制品 179 亿美元,占 7.3%,纺织品及鞋 151 亿美元,占 6.2%;矿产资源 51 亿美元,占 2.1%。

(三)对外贸易市场区位分布

俄罗斯对外贸易市场主要包括欧盟、传统经济联系国家、美、日和中国等。欧盟伙伴地位不断加强,俄罗斯约 35% 对外贸易是与欧盟开展的,其天然气管道直供欧洲；由于传统的经济联系，独联体（包括苏联内部）其他国家仍是重要的贸易伙伴。俄罗斯的机械、木材、粮食出口到中亚诸国，中亚诸国的棉花、水稻、有色金属出口到俄罗斯；俄罗斯的粮食出口到外高加索地区，外高加索地区的亚热带产品出口到俄罗斯；俄罗斯的石油出口到乌克兰、摩尔多瓦，对方的农产品和农产品加工品出口到俄罗斯。美国、日本、中国香港等都是俄罗斯较重要的贸易伙伴，地位在加强。俄罗斯主要出口产品中燃料能源产品和金属及其制品依然占据主导地位，燃料能源产品占出口总额的比重为60%左右；金属及其制品中有色金属及制品出口有所增长。其他商品包括食品及农业原料、化工及橡胶制品、机器设备及运输工具、军火出口。农业丰收，粮食出口大增。俄罗斯主要进口产品中制成品占40%以上，食品约占14%以上；主要进口设备机械、汽车、家电、轻工产品、农畜产品。食品及农业生产原料在俄罗斯的对外贸易中一直占有特殊的重要地位，这些产品直接关系到俄罗斯居民的生活状况。俄对中国出口产品军工、黑色冶金、化工、林业、渔业产品，中国对俄出口皮毛制品、纺织服装、鞋、家电、机器设备、轻工产品等。

第三节　德国区域经济发展与贸易

德国国土面积35.7万平方千米，位于欧洲中部，是南北欧与东西欧往来的必经之路，地理位置比较重要。德国是人口稠密国家，230人/平方千米，人口数量多年变化不大，1960年人口0.73亿、1980年人口0.78亿；2000年人口0.82亿，2020年人口0.83亿，相隔20年的人口统计数据相差甚微。德国人口老龄化非常严重，65岁以上的老人占全国总人口的15%，城市人口比重为86%。德国90%的人属于德意志民族，少数的丹麦人、吉卜赛人和索布族人等，以及大量的来自土耳其、南斯拉夫及其他地中海沿岸国家外国移民。德国居民科学技术素质高，大学生入学率高达36%，在研究与开发部门工作的人员约有47.5万，1/2是科学家和工程师，少年从6~18岁实行12年义务教育，其中2~3年必须上职业学校。全民族具有较高的文化水平和技术教育的普及，是德国成为发达经济国家的重要因素，德国经济增长的50%归功于基础教育。

一、德国经济发展历史变迁

早在地理大发现之前，德国北部沿海地区为波罗的海、北海的商路贸易要地，南部为南北欧贸易中转站，以及意大利的丝织品和东方进入欧洲香料的集散地。16 世纪后其经济衰落下来，主要原因是地理大发现之后，世界商路贸易中心转向大西洋；德国内部政治格局中长期存在 300 多个各自为政的小帮，加上农村存在强大的封建农奴制等问题严重制约了德国经济的发展。进入 18 世纪后德国经济迅速发展，主要原因首先是普鲁士（1701 年）王国的建立，采取了扶持工商业的政策，熟练的手工业和商人带着技术和资金来到德国；其次是 18 世纪第一次科技革命以及法国资产阶级革命的胜利震惊世界，促进了德国技术的崛起。1815 年，德国境内 38 个邦国建立德意志联邦，后来 18 个邦国建立关税同盟。1870～1914 年，德国经济的发展速度大大超过英法，主要原因如下：1870～1871 年普法战争，统一德国，同时从法国获得 50 亿法郎赔款以及阿尔萨斯和洛林，其在第二次科技革命期间处于领先地位。1914 年后，拥有 290 万平方千米、1 230 万人口的殖民地，但其拥有的殖民地不足英国的 1/11，法国的 1/3，为了重新瓜分殖民地，第一次世界大战爆发，战败后德国损失 1/8 的国土、1/12 的人口、3/4 的铁矿、1/3 以上的钢产量计以及 1/7 的耕地。1925 年德国工业恢复到一战前水平，1933 年希特勒上台后，大力发展重工业、军火工业，把原料、劳动力、资金和设施优先供应于军事部门，1939 年二战爆发，二战后德国被北美、苏、英、法占领，并分裂成东德、西德两个国家。1989 年冷战结束、东欧剧变、东西两德统一。

二、德国区域经济基本状况

德国是经济高度发达的工业化国家，在西方世界居于前列，经济实力强大，2019 年德国国民生产总值 3.8 万亿美元，人均国民生产总值 4.6 万美元。德国经济实力居欧洲联盟国家的首位，远高于欧洲其他国家。2010～2019 年德国国内生产总值如表 3-2 所示。

表 3 - 2　　　　　　　　德国 2010～2019 年国内生产总值及增长速度

年份	国内生产总值（万亿美元）	同比增速（%）
2019	3.9	0.6
2018	4.0	1.3
2017	3.7	2.6
2016	3.5	2.2
2015	3.4	1.5
2014	3.9	2.2
2013	3.7	0.4
2012	3.5	0.4
2011	3.7	3.9
2010	3.4	4.2

资料来源：中经数据。

德国工业高度发达，门类齐全，包括轻重工业的所有部门，但侧重于重工业，工业是德国经济的支柱，主要包括机械、汽车、化工、电子电器、采煤、造船、钢铁、石油加工等。德国工业的主要特点是：工业部门的产品有一半或一半以上销往国外；工业原料和燃料靠进口，对国际市场依赖性很强；工业布局相对均衡，国内无突出的落后地区。

机械工业领域，德国的机械产品技术先进，质量可靠，在世界市场上具有很强的竞争力，主要部门有机床、重型机械、纺织机械、运输机械等，是世界上最大的机械出口国之一。具体表现如下：机械工业杂志专利登记方面居美、日之前，为世界之冠；在国际划分的 43 个专业领域中有 25 个位居世界出口第一；在国际纺织机械市场上，德国产品占 30%～40%，在农用拖拉机中外销市场占 60% 以上；生产的矿山机械广泛应用于世界上几乎所有从事采矿业的国家和地区；造船业历史悠久，以大型油轮、集装箱、散货船等为主，造船技术居世界领先水平；光学和精密仪器制造享誉全球，在世界中技术遥遥领先。

汽车工业在德国工业中占有突出的地位，是德国最大的工业部门之一，就业人数约占其工业就业总人数的 1/10，年产量 500 多万辆，2/3 的汽车面向出口，其中小汽车约占 95%，戴姆勒－克莱斯勒、大众、宝马是汽车工业三巨头。

化学工业被认为是德国经济的"稳定剂"，德国是仅次于美、日的全球第三大化工生产国，化工产品占国内生产总值的 5.3%，就业人数占工业就业人数的 7.3%，出口额占出口总额的 13%，化工产品出口率平均为 68.5%，主要产品部门包括：基本化工、有机化工、化肥并重。其中，有机化工中塑料、合成纤维、合成橡胶是产量很大的产品。世界五大化工企业中，德国占据三家，分别为：赫希斯特、巴斯夫、拜耳。

电子电器工业是德国发展最快的工业部门，技术先进、出口多、国际市场竞争力强。德国信息产业发达，拥有世界最发达的信息高速公路，是世界上最早在电话程控交换机中使用数字技术的国家，德国的通信设备、计算机、家电产品在世界上均占据重要地位，西门子总部在慕尼黑，是欧洲最大的微电子生产基地，有德国的"硅谷"之称。

能源工业领域，德国石油和天然气资源匮乏，几乎全部依赖进口，俄罗斯是其最大的石油来源国，天然气自给率30%，主要从荷兰进口；焦煤资源丰富，铁矿石全部进口，钢铁工业技术先进，以出口钢管及钢板为主。

德国农业发达，生产发展快，技术水平和集约化程度高，内部结构合理，以畜牧业为主，种植业和畜牧业相结合。产品自给率达85%，农业结构主要特点为：农业企业数量减少，规模扩大；农业从业人数减少，全国130万人，占总人口的1.5%；农业在国内生产总值中仅占1%。

三、德国区域对外贸易

德国对外贸易发展迅速，德国经济对外贸依赖度较高，2018年德国经济的外贸依存度为71%，2019年德国经济的外贸依存度高达70.8%。对外贸易是德国经济良好发展的重要支柱。

（一）对外贸易规模

德国对外贸易规模庞大，20世纪后半期德国贸易规模可以和美国相媲美，处于第一或者第二的位置。随着中国贸易的崛起，德国贸易规模在世界排名后退，但是仍然位居前三，是典型的贸易大国。德国历年产品出口额比较稳定，即使在世界经济危机或金融危机的动荡时刻，出口额也没有发生剧烈的动荡，主要原因是德国产品以高科技、高质量在世界享有盛誉，客户比较稳定，世界经济的波动对其影响不太严重。例如，2013年德国出口总额为10 939亿欧元，位居世界第三，同比下降了0.2%。这是自2009年欧债危机爆发以来，德国外贸出口额第一次出现同比下滑，但是下降幅度很小。与此同时，2013年德国外贸盈余却创下历史新高，达到1 989亿欧元，这是德国当年有外贸数据记录以来的最高值，约相当于当年德国国内生产总值的7.3%。到 2017 年，德国出口总额为 12 794 亿欧元，同比增长了 6.3%；进口总额为 10 346 亿欧元，同比增长了 8.3%；贸易顺差 2 449 亿欧元。2018年德国出口总额为 13 179 亿欧元，同比增长了 3%；进口总额为 1.09 万亿欧元，同比增长了 5.7%；贸易顺差 2 278 亿欧元。2019 年德国出口总额为13 276 亿欧元，同比增长了 0.8%；进口总额为 11 041 亿欧元，同比增长了1.4%；贸易顺差 2 236 亿欧元。从德国近几年的进出口贸易额度来看，德国不但贸易规模大，而且在对外贸易领域一直保持较高的顺差，目前每年的顺差在 2 000 亿欧元以上。高额顺差为德国社会积聚了较高的财富，这也是德国长期发展高科技制造业产品并积极进行对外贸的结果。

（二）进出口产品结构

德国是世界对外贸易大国，出口产品构成主要以高附加值的重化工制成品为主，占出口总额的88%，主要有汽车、机械、化工、电子电器产品；进口产品构成以中成品占70%，其次是石油、天然气、农产品；服务贸易居世界第二位。德国向中国出口的有机器、车辆、化工产品、钢铁；德国从中国进口的产品机器、纺织服装、轻工制品。

（三）对外贸易市场区位分布

德国主要的贸易伙伴是西方工业国、美国、日本、中国，近年来与中东欧的贸易有所加强。德国进出口贸易的 72.5% 和 75.5% 是同西方工业国家做的，作为欧盟主要成员国，德国对外贸易首先是盟内市场，占据德国对外贸易的主要份额；其次是美国、日本、中国，近几年尤其是与中国和东欧贸易在逐步加强。2019 年德国对美国、法国、中国和荷兰出口额分别占出口总额的 9.0%、8.0%、7.2% 和 6.2%，分别为 1 336.5 亿美元、1 194.7 亿美元、1 077.7 亿美元和929.8 亿美元，对上述四国出口占出口总额的30.5%；自荷兰、中国、法国和波兰的进口额分别占进口总额的 13.1%、7.0%、6.3% 和5.8%，分别为 1 616.5 亿美元、859.6 亿美元、781.3 亿美元和711.3 亿美元。德国前五大逆差来源地依次是美国、英国、法国、中国和奥地利。顺差主要来自荷兰、比利时和爱尔兰。①

---

① 资料来源：欧盟统计局。

第四节　法国区域经济发展与贸易

法国国土面积为 55.2 万平方千米，是西欧最大的国家，是沟通北海和地中海的路上桥梁，又是西欧通往南欧、北非、中东及亚洲的交通要道，地理位置优越，人口 107 人/平方千米，人口分布比较均匀，长期以来，法国人口增长缓慢，外来移民人数增多，主要来自葡萄牙和阿尔及利亚人，约占 40%，在法国人口构成中，90% 以上为法兰西人，少数民族有阿尔萨斯人、布列塔尼人、科西嘉人和巴斯克人等，城市人口占 74%，以中小城市为主。

一、法国区域经济基本特征

法国经济发达，工业化水平高，工业产值占其工农业总产值的 85%，工业产品出口占出口总额的 80% 以上，农业也非常发达，是欧洲最大的农产品出口国。2019 年国内生产总值为 2.42 万亿欧元，位居欧洲第三、世界第七。2010~2019 年法国国内生产总值及增长速度如表 3-3 所示。

表 3-3　　　　　　法国 2010~2019 年国内生产总值及增长速度

年份	国内生产总值（万亿美元）	同比增速（%）
2019	2.7	1.5
2018	2.8	1.8
2017	2.6	2.3
2016	2.5	1.1
2015	2.4	1.1
2014	2.9	1.0
2013	2.8	0.6
2012	2.7	0.3
2011	2.9	2.2
2010	2.6	1.9

资料来源：中经数据。

工业领域，法国是世界上工业现代化程度较高的国家，已建成一套完整的工业体系，工业制造业占绝对优势。机械工业是法国重要的工业部门，也是近年来发展最快的工业部门，其产值和从业人数占法国工业部门及其从业总数的 1/3 以上，产值 40% 以上出口，主要部门是汽车制造、电子电器及航空航天工业等。航空工业是战后法国发展最快的新兴工业部门之一，现已成为法国最重要的战略部门，法国航空工业起步早，技术水平和生产能力先进，不仅能制造多种型号的军用、民用飞机、战术导弹，而且拥有研制和生产多种人造卫星、航天设备和战略导弹的能力，该种产业每年为法国带来很多的外汇收入，对实现进出口贸易平衡起到重要作用。

电子电器工业是新兴的工业部门，发展速度一直很快，主要产品有激光发生器、光纤制导系统、雷达和导航设备（占欧洲同类产品市场的 42.7%）、移动电话，是西欧重要的生产基地，东南部的格勒诺布尔拥有 8 000 多家生产高技术电子产品的企业，号称法国的"硅谷"。

汽车工业是法国经济的重要支柱之一，法国直接或间接从事汽车生产的人数约占工业部门就业人数的 1/5，年产汽车 300 多万辆，小汽车占 90%，两大汽车公司雷诺和标致雪铁龙年产量 100 多万辆，汽车产量的 1/2 以上供出口，汽车贸易连年顺差。化学工业是法国重要的工业部门之一，主要包括基本化工、化肥工业和有机化工，主要产品有塑料、合成橡胶、香料、药。出口产品遍及 15 个国家和地区，香水和化妆品占世界交易总额的 30%。

纺织服装业使法国传统工业部门在世界处于领先水平，以产品的创造性和高质量在国际市场上享有较高的声誉，纺织服装业占法国国民生产总值的 5%，雇员占全国就业人口的 10%，法国服装业的生产特点包括：设计电脑化、生产自动化、技术先进、生产率高、做工精良、产品在国际上声誉好，每年出口服装近 20 亿美元，巴黎是设计和精制各种时髦服装的国际中心。

钢铁工业是法国传统部门，铁采用出口低品位、进口高品位（巴西、澳大利亚），煤炭从德国和波兰进口。钢铁工业三个中心：洛林地区、北部沿海地区、中南部地区。洛林地区是以提翁维尔、隆维和南锡为中心，钢产量占全国 2/5，北部沿海地区是敦刻尔克和德南为中心的地区，中南部地区是以里昂和圣艾蒂安为中心，以生产特种钢为主。能源工业领域法国能源自给不到 1/2，能源进口占消费量的 51%，每年从中东等地大量进口石油和天然气，从南非和波兰进口大量煤炭。铀矿资源丰富，已探明储量 3.083 吨，同时法国还控制加蓬、尼泊尔等国的铀矿开采权，同时法国拥有先进的核技术，核电站已成为法国重要出口产品。

农业领域，法国农业生产的自动化、现代化及集约化程度均居世界前列。农业现代化水平高，实行多种经营，畜牧业和种植业并举发展，是经济作物和园艺作物都很发达的现代农业结构。农用地面积 3 173 公顷，占国土面积的 57%，森林地占 27%，合计占 84%，是西欧农林面积最大的国家，是世界农产品出口大国。法国目前农业领域主要建设兼顾经济、环保和社会效益可持续发展的多功能农业。

法国农业发展迅速的主要原因有以下四点：第一，是法国拥有发展农业十分有利的自然条件，良好的自然条件是农业发展的根本，使法国成为欧盟国家主要的农产品生产国。第二，农业现代化水平高，法国农业已完全实现田间耕作；植物保护、收获、储存；畜牧业的给食、打扫，畜禽产品的收获、挤奶等工序的机械化，并逐步实现了农业的化学化，作物、家禽良种化和电气化。例如，养殖业中，因牛而异用电脑控制奶牛的饲料供应，采用不同的饲料配方以提高其奶产量和质量。第三，欧盟共同农业政策的实施以及法国政府制定的农业政策刺激农业的发展。例如，发放农业低息贷款、增加农业投资、保证农业现代化所需的资金、支持和鼓励土地集中①、鼓励老年农民领取终身金放弃耕作并把土地出租给青年农民。第四，重视农业科学研究和农业教育工作，规定申请经营农场的农民必须持有农业中学的专业文凭，才能得到国家的扶持。

二、法国区域经济对外贸易

(一) 贸易规模

法国作为欧盟的成员国对外贸易发展较早，规模较大，在世界经济贸易中占据一定的位置，但是法国对外贸易增长速度存在较大的不确定性。2015 ~ 2019 年法国货物对外贸易额度及增长速度如表 3 - 4 所示。

---

① 国家通过银行直接收买小块土地，再卖给或租给大农场主。

表 3 – 4   2015～2019 年法国进出口货物贸易额度及增长速度

年份	货物贸易（亿美元）	同比增速（％）
2019	12 210.5	−2.6
2018	12 550.4	8.1
2017	11 592.9	7.8
2016	10 737.5	−0.5
2015	10 785.2	−8.3

资料来源：欧盟统计局。

（二）进出口产品结构

法国出口商品以制成品为主，约占出口总额的81％，主要产品有机械设备、汽车、化工产品、电子产品、香料及化妆品、军用飞机、导弹、火箭、农产品、食品、服装。进口商品中制成品约占74％，食品约占10％，燃料约占7％，主要产品有机械设备、机床、纺织服装、石油、工业原料及农产品。其中，运输设备、机电产品和化工产品是法国出口的前三大类商品。机电产品、运输设备和化工产品是法国进口的前三大类商品。

从2019年进出口产品来看，运输设备、机电产品和化工产品合计出口3 147亿美元，占法国进口总额的55.2％。机电产品、运输设备和化工产品依然是法国进口的前三大类商品，合计进口3 095亿美元，占法国进口总额的47.5％。据欧盟统计局统计，2019年中法双边贸易额为585.5亿美元，下降0.9％。其中，法国对中国出口233.8亿美元，下降4.4％，占法国出口总额的4.1％，降低0.4个百分点；法国自中国进口293.0亿美元，下降4.5％，占法国进口总额的5.1％，降低0.3个百分点。法国与中国的贸易逆差117.8亿美元，增长15.6％。

（三）对外贸易区位市场分布

法国作为欧盟主要成员国，其对外贸易伙伴以欧盟内部国家为主，欧盟国家约占法国进出口商品贸易总额的1/2，尤其是德国和意大利；其次，法国盟外市场主要的贸易伙伴是美国、非洲、亚洲。法国向中国出口机械设备、电子电器产品、汽车部件、航空器材、钢材、小麦和技术专利。由中国进口纺织服装、塑料制品、家电、日用消费品、食品。2019年法国对德国、美国、意大利和西班牙出口额分别占法出口总额的13.8％、8.3％、7.4％和

7.4%，分别为786.5亿美元、470.6亿美元、423.0亿美元和423.3亿美元，对德国、意大利和西班牙出口分别下降了6.2%、1.8%和6.1%，对美国出口上升3.9%，对上述四国出口占法出口总额的37.8%；自德国、比利时、意大利和荷兰的进口额分别占法进口总额的17.8%、9.8%、8.1%和8.1%，分别为1 156.3亿美元、640.9.7亿美元、530.3亿美元和524.3亿美元，分别下降5.8%、6.9%、2.1%和4.4%。法国前五大逆差来源地依次是德国、荷兰、比利时、中国和意大利，逆差额分别为369.8亿美元、325.8亿美元、250.4亿美元、117.8亿美元和107.3亿美元；顺差主要来自英国、美国和新加坡，分别为119.4亿美元、113.6亿美元和63.7亿美元。

第五节 小 结

本章在概括阐述欧洲经济贸易发展基本状况的基础上，重点介绍了欧盟的发展历史、欧盟的主要支柱以及对欧洲经济贸易的影响。进一步分析俄罗斯的地理历史变迁、经济基本特征以及俄罗斯对外贸易发展的基本状况；德国经济发展历史变迁、经济基本特征、重点产业发展状况、对外贸易基本状况；法国经济基本特征、工农业发展状况、对外贸易规模、进出口产品结构、主要的贸易伙伴。

第四章　非洲区域经济发展与贸易

非洲位于东半球的西南部，东邻印度洋，西濒大西洋，北隔地中海与欧洲相望，东北与苏伊士运河、红海与亚洲相邻，总面积 3 029 万平方千米，属于第三大洲，有 53 个独立国家，大部分为发展中国家。非洲所扼守的苏伊士运河、直布罗陀海峡、红海、好望角航路都是世界贸易的重要通道，在世界经济地理中具有举足轻重的地位。

第一节　非洲人口发展概述

非洲居民以黑种人为主，约占全洲人口的 2/3，主要分布在撒哈拉沙漠和埃塞俄比亚高原以南的地区，白色人种约占 23%，主要分布在北部非洲，以阿拉伯人为主，其次为混血人种。非洲民族构成复杂，约有民族部落 700 多个，大部分信奉原始宗教，很多国家以英语和法语作为官方语言。2021 年非洲人口 12.8 亿人，占世界的近 1/5。非洲人口发展特色鲜明，对经济的影响深刻。

一、非洲人口增长过快，人口压力沉重

非洲人口增长很快，人口发展过程处于高出生、高死亡、高增长并存状态。1960～1996 年，世界人口增长 0.92 倍，亚洲和拉丁美洲增长 1.07 倍和 1.26 倍，而非洲却增长了 1.65 倍。1990～1995 年，全洲的平均出生率为 42‰，死亡率为 14‰，全世界出生率超过 50‰ 的有 8 个国家，7 个在非洲，最高的尼日尔和乌干达均达到 52‰，全世界死亡率超过 20‰ 的国家有 5 个，其中 4 个在非洲，最高的塞拉利昂达到 25‰。非洲人口与其高出生率、高

死亡率相对应的是高增长，28‰的自然增长率比世界平均水平高出 13 个千分点（世界平均 15‰），人口 20 多年翻一番，典型的埃塞俄比亚 1983 年人口 3 278 万，目前达到 1 亿人口，尼日利亚 1983 年人口数量 8 700 万，目前达到 2 亿人口。国家人口增长过快，给社会经济生活的各方面带来严重的压力，尤其是粮食短缺和生态危机，在非洲，饥饿、疾病是威胁人们生存的重要因素。古老的疾病如疟疾，对人们产生严重危害，现代疾病艾滋病已是困扰南部非洲最严重的问题。

二、非洲人口平均密度不高，但地理分布极不平衡

非洲人口平均密度不大，仅为 40.6 人/平方千米，但全洲 1/3 的人口集中在 1% 的面积内，人口稠密地区平均 500 人/平方千米。非洲面积虽然广阔，但是其人口主要集中分布在地中海、几内亚湾和印度洋沿岸的沿海地带；内陆高原及铁路的两侧；干燥区的沿河地带和绿洲，人口的地理分布极不平衡。非洲人口集中分布区主要是非洲经济发展比较良好的地区，沿海地区人口稠密，相应广大的内陆地区人口分布密度较小，经济发展也明显比较落后。人口集中分布使得非洲虽然人口平均密度不大，但在人口集中地区依然比较拥挤。

三、非洲农业人口比重高，城乡发展不平衡

非洲农业经济活动人口比重很高，城乡发展不平衡。农业人口占比平均为 60%，热带非洲农业人口占总人口的比重更高。根据联合国统计数据，世界农业比重最高的十个国家分别是西非的塞拉利昂（农业人口占比超过 60%）、利比里亚（农业人口占比超过 70%）、尼日尔（农业人口占比超过 80%）、马里（农业人口占比超过 40%），东非的埃塞俄比亚（农业人口占比超过 80%）、肯尼亚（农业人口占比超过 80%）、非洲中部的中非（农业人口占比超过 70%），乍得（农业人口占比超过 70%），非洲东侧印度洋上的岛国科摩罗（农业人口占比超过 70%）、西非的几内亚比绍（农业人口占比超过 80%），这些国家农业人口比重高达 70%～80%，是典型的发展中国家。近年来，其城市发展较快，人口增加较快，总的来说城市人口的比重约为 33%，城市发展进程比较缓慢。

第二节　非洲区域经济发展概述

一、非洲经济总量占世界经济总量比重较低

非洲占世界 1/5 的土地和人口，但是全洲占世界总产值不足 5%，目前按联合国规定的标准，全世界有 48 个最不发达国家，其中非洲有 33 个，尤其是莫桑比克、索马里等国是典型的人均收入少、平均寿命短、文盲率高，属于世界上最贫穷落后的国家。根据国际货币基金组织（IMF）统计的数据，2017 年非洲经济总量 2.26 万亿美元，2018 年非洲经济总量 2.32 万亿美元，2019 年非洲经济总量 2.4 万亿美元，经济总量增长缓慢，年均增长为 3% 左右，经济总量相当于一个中等发达国家的经济总量，在世界经济中占比较低。

二、非洲各地区经济发展不平衡

在非洲地区内部，经济发展也是不平衡。较发达的国家大多位于沿海地区，其中南非是非洲经济的领头羊。北非地区近几年来发展较快，主要以突尼斯经济增长引人注目。西非近十年经济增长迅速，以加蓬经济增长表现明显。东部非洲的毛里求斯等国发展较好。但是广大的中非及东非国家发展水平较低，尤其是非洲内陆的国家经济增长缓慢，贫困问题依然突出。

三、面向出口的农矿产品生产发展迅速

非洲绝大部分国家不但生产力水平低，且远未能形成自己相对独立且健全的国民经济体系[①]，很多国家经济结构单一，面向出口的农矿产品发展迅速，国家经济几乎全部依赖一种或几种农矿产品的出口。非洲经济作物的商品化率和出口率高，每年向世界市场提供 1/3 的咖啡、1/2 的棕榈制品以及

---

① 非洲面向出口的经济作物发展良好，关系国计民生的其他产业发展落后，尤其是粮食生产十分落后，人均产量不到世界平均产量的 2/5。制造业更是薄弱，在国民生产总值中占比不足 1/5。

花生、棉花、芝麻等。经济作物中可可、咖啡、橡胶、油棕的出口国主要分布在几内亚湾沿岸。长绒棉出口主要以尼罗河下游的埃及、苏丹为主。茶叶和剑麻主要分布在东非的热带草原，非洲出口茶叶最多的国家是肯尼亚。花生出口以西非国家为主。烟草、甘蔗及棉花主要分布在非洲南部，出口国主要以津巴布韦、南非和纳米比亚为主。非洲国家经济过度依靠单一农矿产品的出口，经济发展受国际农矿产品价格波动影响严重，在国际农矿产品价格处于下跌通道时，这些国家为了获得足够的外汇收入不得不加大出口产量，其出口产品在国际市场上占据较大份额，随着出口产量的增加，国际市场上该类产品供给增加，价格下跌，出口国为了获取足额的外汇收入，不得不继续增加出口，形成越出口、越贫困的增长模式，对整个社会经济发展损害强烈。①

四、非洲农业现代化生产初见端倪

非洲农业发展程度较低，粮食不能自给，畜牧业不发达，现代化水平较低。非洲农业生产中，传统的小农经济仍是非洲农业生产的基础，耕作技术落后，劳动生产率低下，在非洲部分地区还存在着古老的耕作方式——迁移农业②、部分地区以游牧业为主、农业现代化水平是全球最低的。非洲面向出口的经济作物发展良好，但是多年来非洲粮食短缺问题依然严重，全世界只有非洲是人均粮食产量不断下降、赤贫人口持续上升的地区。非洲国家长期受粮食危机困扰，是由内部和外部多方面因素造成的。人均粮食占有量约140公斤，低于世界平均水平330公斤，目前年缺粮约5 000万吨，除个别国家南非和津巴布韦外，大部分国家粮食需要进口。进入21世纪以来，随着非洲经济向良好方向发展，经济增长迅速，政府对农业关注加强，农业基础投入增加，农业基础地位得到加强。农业的集约化和商业化开始增强，集约化的表现是农民已经开始使用化肥、优良的种子、农用化学品，并开始雇佣工人。虽然商业化过程中运营资金主要来自农民的储蓄，但是现代农业发展模式初见端倪。

---

① 单一农矿产品出口是一把双刃剑，产品处于价格上升通道，出口国惜售，国际产品供给减少，价格越高。

② 迁移农业是原始的耕作方式，在荒草区烧荒耕种，几年之后土地贫瘠撂荒，再重新选择新的地区烧荒耕作。

五、非洲经济短期内难以摆脱对自然资源的依赖

　　非洲经济虽然自21世纪以来发展良好，增长势头比较强劲，但大多数非洲国家产业的生产率低下，工业化水平不高，制造业更是薄弱，很难在国际工业产品竞争中处于优势地位，经济发展很长时间要依靠自然资源的输出，这种状况还将持续较长的时间。在非洲，采矿业非常繁荣，很多国家第一经济部门就是采矿业，非洲矿产资源十分丰富且种类繁多，储量庞大而且分布集中，产品大部分出口，因而在国际市场上占有重要的地位。采矿业主要集中分布在南非、尼日利亚、利比亚、阿尔及利亚，这四国的采矿产值约占全洲矿产总值的80%。世界50种重要矿产需求中，非洲蕴藏有36种，具有世界意义的矿产资源至少有17种储量居世界第一，主要矿产有金属矿物、非金属矿物、能源矿物。金属矿物主要有金、铂（储量占世界17%），集中分布在南非、津巴布韦、加纳；锗、铬（储量占世界69%），集中分布在南非；锰（占世界64%），集中分布在南非、加蓬；钽（储量占世界50%）；锆（储量占世界46%）；钴（储量占世界34%）；铁矿集中分布在南非、利比里亚、毛里塔尼亚；铝矿集中分布在几内亚、塞拉利昂、加纳、津巴布韦。非金属矿物中金刚石（占世界42%）、磷矿石（占世界63%）以及石棉，10个非洲国家开采产量占世界50%。金刚石集中分布在博茨瓦纳、南非、安哥拉、刚果、纳米比亚；石棉集中分布在津巴布韦、南非、斯威士兰；磷矿石集中分布在摩洛哥，产量约占世界1/3，出口占世界市场的1/2以上。能源矿物包括石油、铀、煤、电能。非洲探明石油储量105亿吨，天然气10.1万亿立方米，石油产量约占世界的11%，主要的石油输出国有尼日利亚、安哥拉、加蓬、刚果、利比亚；铀矿储量56万吨，占世界的15%以上，集中分布在南非、尼日尔、阿尔及利亚；煤炭储量617亿吨，南非是非洲最大产煤国；非洲可开发的电力能源也很丰富。虽然非洲资源丰富，但其工业中制造业相对薄弱，是世界上工业化水平最低的一个大陆，南非约集中了非洲制造业的1/3，重工业的80%以上。传统的食品工业及纺织工业是非洲两个重要的部门，除采矿业比较繁荣以外，其他工业产业发展比较缓慢。非洲经济发展对自然资源的依赖还将长期持续。

六、非洲经济发展受国际农矿产品价格影响显著

非洲经济发展中很多国家依赖一种或几种农矿初级产品的出口，因此，经济增长对世界市场农矿初级产品价格变化反应敏感，当世界市场农矿产品的价格不断上升时，非洲国家外汇收入增长很快，经济增速明显加快；当世界市场农矿初级产品价格下跌时，非洲很多国家外汇收入减少，经济增速明显放缓。自 21 世纪以来，世界市场随着原油及初级农矿产品价格的不断攀升，非洲国家经济增长明显向好，经济增长率较高。但是自 2007 年以后，世界金融危机不断蔓延，世界市场对农矿初级产品的需求降低，使得世界市场农矿初级产品价格降低，对非洲经济发展影响明显，主要国家经济增长明显放缓，增长速度与 21 世纪初期年均 5% ~ 8% 的增长速度相比落差较大。非洲主要国家近几年经济增长统计如表 4 - 1 所示。

表 4 - 1　　　　　　2015 ~ 2019 年非洲主要国家经济增长统计　　　　单位:%

年份	尼日利亚	南非	埃及	阿尔及利亚	摩洛哥
2019	2.3	0.2	5.6	2.7	2.9
2018	1.9	0.8	5.3	2.1	3.9
2017	0.8	1.3	4.2	1.6	1.1
2016	-1.5	0.6	4.3	3.3	4.5
2015	2.8	1.3	4.4	3.8	2.4

资料来源：尼日利亚国家统计局、南非统计局、埃及中央银行、阿尔及利亚国家统计局、摩洛哥经济与财政部。

七、非洲经济发展内外环境仍需不断改善

目前，非洲经济发展面临的内外环境对其经济可持续发展影响严重。从非洲内部来看，国内政策环境不利、基础设施落后等问题依然比较突出，对经济发展阻碍较大；从国际方面来看，大宗商品价格下滑、美元货币政策收紧、恐怖主义威胁和政治动荡依然持续，对非洲经济可持续发展影响深刻。同时，非洲国家的债务比重较高，联合国贸易与发展会议《2016 年非洲经济发展报告》指出，非洲国家债务已经达到了不可持续的水平，2006 ~ 2009

年，非洲国家的债务平均每年增长了 7.8%，2011～2013 年，每年增长 10%。以 2013 年为例，非洲的债务总量为 4 430 亿美元，相当于当年非洲 22% 的国民总收入。同时，非洲一些国家的国内债务负担也很重，主要包括加纳、肯尼亚、尼日利亚、坦桑尼亚和赞比亚。对内对外的高债务负担对非洲经济发展影响严重。一旦国际市场初级农矿产品价格下跌，非洲出口创汇困难，国际收支就会出现严重问题，进而影响非洲经济的可持续发展。

第三节　非洲对外贸易发展概述

对外贸易在非洲经济中占有重要的地位，是非洲外汇收入的主要来源，非洲很多国家经济发展对贸易的依赖性较强，国民经济依赖一种或几种农矿产品的出口，其中，依靠单一产品出口国家有 12 个。非洲出口产品中主要的农矿产品出口占出口总额高达 80% 以上，目前石油出口占出口总额的比重不断增加。非洲主要国家经济贸易对单一农矿产品的依赖程度如表 4 - 2 所示。

表 4 - 2　　　　　非洲部分国家农矿产品出口占出口总额的比重

国家	农矿产品出口占出口总额的比重
尼日利亚	原油出口占出口总额的 76.5%（2019 年）
阿尔及利亚	石油天然气出口占出口总额的 92.8%（2019 年）
利比亚	原油出口占出口总额的 93.6%（2014 年）
赞比亚	铜出口占出口总额的 71.7%（2019 年）

资料来源：商务部网站。

非洲对外贸易增长迅速，但是占世界比重不高。非洲经济在历史上发展缓慢，直至目前在世界经济中占比依然较少。经济总量不大，即便是非洲近几年对外贸易迅速增长，发展势头良好，其所占世界的比重依然不高，2017 年，非洲出口在全球总额中的比重为 2.3%，非洲进口在全球总额中的比重为 3.0%，年均增幅也不大。

从进出口产品结构来看，非洲主要的出口产品是初级农矿产品，占比依然较高，有些年份农矿产品占贸易总额的 80% 以上，但是近几年随着其他产业的不断发展，出口产品多样化，因而农矿产品出口所占比重不断下降。随着世界对原油需求的增加，非洲原油勘探和开发迅速发展，石油出口占非洲出口贸易总额的比重上升很快。制造品、机械和运输设备、化学品、纺织品随着非洲经济的良好发展也不同程度地出现了上升趋势，但是在出口总额中占比依然很小。非洲主要的进口产品中制成品占 70% 以上，除传统的工业制造品以外，进口产品中先进的矿山机械等产品进口增长迅速。食品方面，由于非洲人口不断地增加，粮食生产不能满足人们的需求，粮食产品进口日益增加。从非洲对外贸易伙伴来看，西方发达国家是非洲传统的贸易伙伴，美国、欧盟以及日本是非洲主要的伙伴。目前，非洲与亚洲新兴工业国家贸易增长很快，尤其以中非贸易发展最为迅速，中国已经成为非洲非常重要的贸易伙伴。

第四节　中非经贸合作发展概述

一、中非经贸关系继续保持良好发展势头

中非贸易发展历史久远，自 2000 年后，随着中非合作论坛的设立，中非贸易快速发展，增长速度显著高于我国对外贸易总体水平，发展势头良好。2009 年，我国成为非洲第一大贸易伙伴国，之后中非双边贸易增长迅速，我国持续多年成为非洲第一大贸易伙伴国。2010 年，中非贸易额达到 1 270.5 亿美元，同比增长近 40%，2011 年和 2012 年增速高达 31% 和 19%。2013 年以后贸易增速减缓，但是双边贸易额达到 2 102 亿美元，同比增长 5.9%。2014 年，中非贸易达到 2 218.8 亿美元，同比增长依然高达 5.5%。2017 年，我国与非洲进出口总额 1 698 亿美元，同比增长 13.8%。2018 年，我国与非洲进出口总额 2 042 亿美元，同比增长 20%。2019 年，中非贸易额 2 087 亿美元，同比增长 2.2%，其中，我国自非洲进口 955 亿美元，同比下降 3.8%；我国对非洲出口 1 132 亿美元，同比增 7.9%。中非贸易进出口总额虽然高速增长但不稳定，近 10 年来中非贸易增速下降的年份分别是 2015 年、2016 年以及 2020 年，由于人为因素及不可抗力因素的影响下降幅度较大。总体趋势来看，中非贸易发展势头依然良好，中国已经连续 12 年保持非洲最大贸易伙伴国地位。中非近年贸易统计如表 4-3 所示。中非贸易发展迅速，不仅货物贸易领域飞速发展，在服务贸易领域旅游、工程承包方面也发展迅速，大多

数非洲国家都从中国帮助修建的水利设施、道路和其他基础设施中受益。中国还向非洲提供了大量援助和优惠贷款，促进了非洲各国经济贸易的良好发展。

表 4 - 3 　　　　　　　　　　2010 ~ 2020 年中非贸易额度统计

年份	中非贸易额度（亿美元）	增长率（%）
2020	1 870	- 10. 5
2019	2 087	2. 2
2018	2 042	20. 0
2017	1 698	13. 8
2016	1 491	- 16. 6
2015	1 790	- 19. 2
2014	2 218	5. 5
2013	2 102	5. 9
2012	1 984	19. 3
2011	1 663	31
2010	1 271	40

资料来源：商务部网站。

二、中非贸易国别集中度较高

虽然非洲国家较多，中非贸易额度也很大，但是中非贸易的国别集中度较高。从历年中国对非洲主要的贸易伙伴来看：出口方面，2013 年中国对非洲出口的前五位国家依次是南非、尼日利亚、埃及、阿尔及利亚、安哥拉；2016 年中国与非洲进出口贸易前五名国家为南非、安哥拉、尼日利亚、埃及和阿尔及利亚；2018 年中国对非洲出口的前五大国家依次南非、安哥拉、尼日利亚、埃及、阿尔及利亚。历年出口国家基本一致。进口方面，中非贸易以中国进口为主，中国主要从安哥拉等国进口石油，从南非等国进口铜、铂和钻石等工业原料，从坦桑尼亚进口铁矿石等，进口国家国别集中度同样比较高。

三、非洲市场竞争日益激烈

中国是非洲活跃的经贸伙伴，在非洲的影响力提升迅速，但是美欧在非洲经营上百年，随着非洲大陆发展潜力的提升，中国企业在非洲面临的竞争日趋激烈。从宏观经营环境来看，美国、欧盟、日本等经济体加紧在非洲重新布局，加大政治经济投入，以遏制中国在非洲的经贸发展。而且，中国企业在非洲经常面临着国际非政府组织、当地组织机构等的干扰和影响，这种状况不仅表现在具体的企业项目运作中，甚至在政策领域也会出现，对中非经贸活动影响较大。从微观经营环境来看，非洲国家很多产品的技术标准要求延续发达国家标准，对产品技术标准要求较高，使得中国企业想要在非洲开拓更广阔更高端的市场时生产产品质量面临较高的要求，企业生产成本明显提高，竞争更加激烈。

四、中非合作环境面临新的挑战

随着中非经贸合作的发展，非洲传统的发展环境发生变化，出现了一些对经贸合作发展不利的因素。例如，非洲部分国家采取实用主义外交策略，在东西方之间斡旋，同各方均保持密切往来，在博弈中寻求利益最大化。[①]同时，随着中国对非援助和中非经贸合作的深入，很多非洲国家对来自中国的利益期望值增大，一些国家既希望吸引投资，又担心经济受制于人，因而利益冲突及不满情绪增多。在非洲内部资源民族主义情绪上升，部分非洲国家实施本土化方案、提高资源税或增加国家持股比例，希望从本国资源开发中获取更多利益。这些政策环境的变化对经贸合作发展明显不利。

第五节 小 结

本章从非洲人口发展显明特色入手，具体分析非洲区域经济发展基本特点，指出非洲经济总量占世界经济总量比重较低、非洲各地区经济发展不平衡、面向出口的农矿产品生产发展迅速、非洲农业现代化生产初见端倪、非洲经济短期内难以摆脱对自然资源的依赖、非洲经济发展受国际农矿产品价格影响显著、非洲经济发展内外环境仍需不断改善的现状。进一步分析非洲对外贸易基本状况，着重探析中非经济贸易合作发展特点，指出中非经贸关

---

① 徐泽来、郝睿：《中非经贸合作形势与展望》，载《中国国情国力》2015 年第 12 期。

系继续保持良好发展势头、中非贸易国别集中度较高、非洲市场竞争日益激烈、中非合作环境面临新的挑战。

本章阅读资料

非洲市场特点：富饶与贫穷共存、先进与落后共存、机遇与风险同在

非洲有富饶的自然资源，盛产棉花、棕榈油、咖啡、可可等农产品。虽然自然资源丰富，但由于多年的殖民统治，其国民经济仍然维持着以原材料和种植业为主的结构，工业不发达，再加上许多国家政局变动频繁，战火不断，普通老百姓购买力低下。但是非洲经济具有双重性，除了广大穷人之外，还存在着一个富裕阶层。这些人基本是当地大中企业白领、发达国家大公司派驻人员、外国技术专家、当地资本家、小企业经营者以及政府高级公务员，他们生活富裕，有房子、有汽车。从整个非洲大陆看，既有贫困的国家，也有经济情况比较好或者相当好的国家。因此，非洲消费层次非常多样化。档次较高的商品大多为欧洲货，它们虽然价格昂贵，但仍然受欢迎；较低档次的是亚洲产品。中国商品既可满足富裕人士的需要，更适合广大中低收入者的购买需要。

非洲贫富差别极大，穷得连饭都吃不饱，上不起学，无知落后；富的接受的是西方的教育，使用的是最先进的产品。在一些非洲国家，与经济命脉相关的产业多被发达国家企业所垄断，土著黑人因其经济实力太小，基本上无力与外来势力抗衡，收入很低。世界上最先进和最落后的东西，在这里都能找到。在非洲国家，许多产品虽然自己不能生产，但多年来一直使用欧美等发达国家产品，基本上沿用的是西方国家质量体制，对产品技术质量要求并不落后。

随着非洲政治形势总体上趋于稳定，各国纷纷实行经济调整政策，非洲大陆也越来越受到人们的重视。欧美等国的一些跨国公司利用以前的殖民地关系已捷足先登，积极抢占非洲市场。非洲经济与中国经济的互补性很强。中国的轻工产品、日用消费品、纺织品、服装、医药产品等物美价廉，质量和档次比较适合非洲的需要，在非洲市场具有较强的竞争力，也深受非洲国家的欢迎。但是到非洲从事经贸活动是有风险的，有些国家宏观经济不稳定，部分国家的国家机制、法律法规不健全；一些非洲国家目前仍存在政局动荡，边境关系紧张；西方国家垄断经营了近百年，要想分一杯羹是有风险的。

第五章 拉丁美洲区域经济发展与贸易

地理意义上的拉丁美洲通常指美国以南的所有美洲地区，位于西半球的南部，包括墨西哥，现共有 34 个独立国家和 12 个尚未独立的国家，总面积 2 072 万平方千米，占世界陆地总面积的 13.8%，由于历史上西班牙、葡萄牙的统治，致使这里的社会制度、历史文化传统、宗教信仰、风俗习惯等深受影响，大部分居民使用拉丁语系的西班牙和葡萄牙语，因而也号称拉丁美洲，全洲地理习惯上分为墨西哥、中美洲、西印度群岛和南美洲 4 个地区。2018 年，拉丁美洲人口 6.5 亿人口平均密度 31.5 人/平方千米，人口地区分布不平衡，人口主要集中在中美地峡和西印度群岛，南美大陆人口稀少。拉丁美洲城市人口比重约为 75%。拉丁美洲的种族复杂，其中，印第安人约占 10%，黑人后裔、白人后裔约占 39%，混血人种约占 40%。由于早期的西班牙和葡萄牙移民并没有北美的欧洲移民那样的种族偏见，不同种族通婚较为普遍，混血人口占比较高。拉丁美洲的混血人种主要包括白人与印第安人婚配的后裔美斯的索人、白人与黑人婚配的后裔摩拉特人、黑人与印第安人婚配的后裔桑鲍人。

第一节 拉丁美洲区域经济发展历史

一、拉丁美洲的近现代经济从殖民地经济开始起步

早期进入拉丁美洲的殖民者是西班牙和葡萄牙，西葡两个封建烙印很深的宗主国为拉丁美洲带来的是陈腐的农业庄园和消费服务的采矿业，技术比

较落后。19世纪初，主要国家实现民族独立后，欧洲德、英、法的工业资本取代西葡而进入拉丁美洲，形成大型采矿业和农场化的谷物种植业，部门结构比较复杂。20世纪30～40年代，拉丁美洲国家开始着力发展民族经济，进口替代是这一段时间经济贸易发展的基本策略，但这个过程依赖国外的技术和设备，因而经济发展对外依赖关系并没有消失。

二、二战以后拉丁美洲经济发展迅猛

二战以后拉丁美洲国家受苏联等社会主义国家经济发展模式的启迪，普遍实行国有化战略，国有企业数量明显增加。为加速巩固国有经济，实现资本积累，20世纪60～70年代，出口导向成为拉丁美洲区内国家经济贸易的主流发展模式，主要包括促进矿物资源、农产品和工业制成品的出口，这种发展模式促进了拉丁美洲经济快速增长，1980年以前，拉丁美洲区内国内生产总值的年均增长率高达4.7%，这段时间拉丁美洲成为所有发展中大陆发展程度最好的区域。

三、20世纪80年代拉丁美洲经济发展停滞

1980年以后，拉丁美洲国家经济发展遇到严重问题，80年代的10年时间，拉丁美洲经济进入萧条时代，其根本原因是前期发展过程中大量举借外债，尤其是短期外债使得拉丁美洲区内国家背负沉重的债务负担，少数国家的出口收入不足以偿还国家外债的利息，加上国际原材料价格的下跌，拉丁美洲国家出口创汇困难以及国家政治的动荡，使得拉丁美洲经济发展困难，外汇收入减少，通货膨胀却非常严重。沉重的外债负担使得拉丁美洲国家无力偿还，国家信誉受损，不但无法再从世界其他国家获得投资支持，区内资本也纷纷外逃，让拉丁美洲经济增长动力减弱。20世纪80年代到90年代初期，洲内生产总值平均增长率不到1%，人均国内生产总值增长率为−1%。

四、20世纪90年代拉丁美洲经济形势趋于好转

20世纪90年代初期，拉丁美洲国家开始进行经济改革，具体措施包括开放国内市场、大力推进私有化、治理通货膨胀。20世纪90年代拉丁美洲

经济发展中出现的新特点是国内市场越来越开放，无论是关税还是非关税壁垒都比较低，政府促进国内市场进一步开放，促使对外贸易迅速发展。在对外开放扩大的同时私有化程度进一步加深。拉丁美洲经济发展中在 20 世纪 60 ~ 70 年代曾经建立较多的国有企业，90 年代的改革过程中众多的国有企业或者直接被卖掉，或者在股市上被卖掉，或者直接弃除效益差的部分将企业效益好的部分卖掉。国有企业迅速转变为私有企业，企业效益提高，宏观经济形势越来越稳定。对于当时严重的通货膨胀问题，拉丁美洲主要国家采取硬着陆的办法迅速治理通货膨胀，例如，一些国家重新发行一种货币，使其跟美元挂钩，国内原有货币以一定的比例兑换新货币，迅速将夸张的通货膨胀降低到合理的范围，使其投资环境明显好转。西方国家面对拉丁美洲经济发展向好趋势，开始协商减免拉丁美洲债务并增加对拉丁美洲的直接投资，区内投资增加促进了拉丁美洲经济良好发展。

五、21 世纪以来拉丁美洲经济发展良好

2000 年以后，随着农矿产品价格的不断上升，拉丁美洲经济形势不断好转。经济开始复苏，与 20 世纪 80 ~ 90 年代相比，经济发展速度明显增加。拉丁美洲国家取得的发展成就在一定程度上归功于全球大宗商品价格上涨。拉丁美洲是地球上人均自然资源最丰富的区域之一。委内瑞拉和墨西哥的石油、巴西的铁矿、智利的铜矿、巴西和阿根廷的农产品等，都在全球占据重要地位。资源的出口带来外汇收入大幅增长，在很大程度上带动了拉丁美洲国家经济的增长。经济结构和发展模式的改善，也为拉丁美洲各国的经济增长创造了内在动力。智利通过与 30 多个国家和地区签订自由贸易协定，成为世界上经济开放程度最高的国家之一，农业和渔牧业及部分制造业的经济占比不断上升，经济应对外部环境变化的能力也有很大提高。墨西哥一改过去半个世纪以石油出口为主的局面，2011 年汽车工业创造了约 345 亿美元的外汇净收入，首次超过原油出口成为最大出口项目。墨美之间的贸易已经从传统的制成品进出口，转向垂直产业内分工的生产一体化。

六、拉丁美洲经济发展的基本问题依然存在

拉丁美洲经济虽然发展良好，但是其经济发展还面临着许多问题，主

要的问题是经济发展对资源出口和外部资本的长期过度依赖。拉丁美洲经济从殖民经济开始，经过多年发展，在根本上并未摆脱对外资的过度依赖，这种现象还将不断持续；同时，拉丁美洲经济发展对资源出口过度依赖，拉丁美洲多数国家属资源出口型国家，农矿产品在对外贸易中占比较高，经济发展对大宗农矿商品出口依赖很严重，这种经济发展模式使得拉丁美洲国家制造业的竞争力相对提升缓慢，而且这种状况很难在短期内改善。拉丁美洲经济发展中存在着深刻的贫困问题，基尼系数在世界各大洲中是最高的，政府在缓解贫困问题上力量不足，因此，虽然宏观经济形势越来越稳定，但是拉丁美洲区域内贫困问题愈加突出。

第二节　拉丁美洲区域经济发展现状

一、拉丁美洲是发展中国家发展程度较高的地区，经济总量规模庞大

拉丁美洲是一个纯粹的发展中大陆，但其经济发展水平却是发展中国家中最高的。其中，巴西、墨西哥、阿根廷、智利、委内瑞拉是拉丁美洲经济发展较快的国家，多数国家的第一产业占比9%，第二产业占比18%～25%，服务业占比60%以上，已经是典型的发达国家的产业结构比重模式。早在2012年，智利人均国内生产总值已超过1.5万美元，紧随其后的是乌拉圭、巴西、阿根廷、墨西哥等国，人均国内生产总值也都超过了1万美元。智利、阿根廷等国还被联合国列为发展水平极高的国家，综合发展指标与南欧一些发达国家相当接近。目前，拉丁美洲地区经济一体化的组织很多，如南方共同市场、拉丁美洲一体化协定、安第斯集团、加勒比国家联盟，区域经济组织的存在和发展对拉丁美洲区内投资和贸易的发展促进意义重大。

二、采矿业是拉丁美洲的传统经济部门，目前依然是全球采矿业的投资热点

拉丁美洲经济中采矿业一直是最重要的经济部门，延续多年经久不衰。

目前，拉丁美洲依然是全球采矿业的投资热土。拉丁美洲矿产资源主要有铁、铜、铝、铅、锌等。拉丁美洲铁矿产量占世界总产量的 20%，以巴西最多，其次为玻利维亚、委内瑞拉、秘鲁、智利、古巴等；铝土矿产量约占世界的 30%，主要有巴西、牙买加、圭亚那；铜矿占世界储量的 40%，以智利和秘鲁为主产国；锡矿产量占世界的 19%，主要分布在巴西、玻利维亚、秘鲁；铅、锌、钛、镁、锑、白银、钒、铋、重晶石、石墨、硫磺、汞、宝石、天然硝石等占世界重要地位。能源矿物以石油为主，墨西哥和委内瑞拉两国石油储量占世界 11.6%。煤炭主要分在哥伦比亚和智利。铀矿主要分在秘鲁和圭亚那。丰富的矿产资源储藏使得采矿业在拉丁美洲经济发展中一直是传统产业部门而且经久不衰。

三、拉丁美洲的制造业比较发达，工业部门复杂

虽然拉丁美洲是发展中大陆，但是其工业发达，部门复杂，远超其他发展中地区。拉丁美洲主要的工业部门有钢铁、机械、化工、纺织、食品等。钢铁工业领域巴西是第一产钢大国，其次是墨西哥、阿根廷、委内瑞拉，这四国的钢产量占拉丁美洲总产量的 95% 以上。机械工业领域主要有汽车、造船、飞机制造，其中，巴西、墨西哥、阿根廷三国汽车年产量约为 400 万辆，50% 为小汽车；巴西和阿根廷集中了拉丁美洲的造船和飞机制造。电子工业在拉丁美洲也具有一定的规模。传统轻工业在制造业中占比重很大，主要有食品、纺织、服装、皮革、制鞋、造纸等。

四、农业生产发展水平高，在国民经济中占重要的地位

拉丁美洲农业领域发展良好，农业生产水平高，很多农产品在世界上占有重要地位，在各国国民经济中也占有重要地位。同时，拉丁美洲经济作物发达，咖啡产量约占世界的 2/3，可可产量约占世界的 1/3。大豆、棉花、烟草、甘蔗、香蕉地位突出。近年来，拉丁美洲大豆产量迅猛增长，出口量猛增，占世界大豆市场的比重不断增加。拉丁美洲畜牧业发展迅速，主要农产品有牛、羊毛、皮革，出口贸易在国际市场占有重要的地位。

第三节　拉丁美洲对外贸易概述

拉丁美洲对外贸易发展较早，主要的出口商品有石油、煤炭、农矿产品、汽车、机械、运输设备、纺织品；主要的进口产品有机械、化工产品、电子产品、建材、粮食。对外贸易的市场区位分布主要以发达国家为主，包括美国、欧洲、日本、加拿大及部分亚洲国家。美国是拉丁美洲重要的贸易伙伴，拉丁美洲向美国出口石油、农矿产品，从美国进口工业制成品。拉丁美洲向欧洲出口铁矿石、牛肉、咖啡、香蕉。拉丁美洲向中国出口大豆、铁矿砂、铜、钢材、石油、羊毛、糖、纸浆、化肥、汽车零部件；拉丁美洲从中国进口机电产品、纺织服装、轻工产品、家电。

第四节　中拉经贸合作发展

一、中国与拉丁美洲经贸关系发展迅速

中拉贸易高速发展起步较晚，1980 年，中拉双边贸易额仅为 13.3 亿美元，2001 年，中拉双边贸易额也只有 149 亿美元，20 年时间增长幅度不大。中国与拉丁美洲贸易迅速发展始于 21 世纪，2010 年中拉双边贸易额达到 1 830 亿美元，是 2000 年的 15 倍。2001～2011 年，中拉贸易额年均增长 30% 以上，在此期间，除了 2009 年受金融危机影响有所下降以外，其余年份中拉贸易增幅均高于中国外贸的整体增幅。2014 年，中拉双边贸易额达到 2 636 亿美元，与 1980 年相比增长近 200 倍。2019 年，中国与拉丁美洲及加勒比地区贸易额度为 3 173.7 亿美元，同比增长 3.3%。其中，中国对拉丁美洲出口 1 519.7 亿美元，同比增长 2.1%，从拉丁美洲进口 1 654 亿美元，同比增长 4.4%[①]。中国已经成为拉丁美洲第二大贸易伙伴。中拉贸易占中国对外贸易总量的比重从 21 世纪初的 3% 上升到现在的 6.2%。

---

① 资料来源：商务部网站。

二、中国与拉丁美洲经贸合作关系密切

中国加入世贸组织推动了中拉的双边贸易发展，随着中国与拉丁美洲国家之间贸易规模的不断扩大，贸易政策领域的合作也不断推进，中国和智利、秘鲁、哥斯达黎加等国签订自贸协定。协定的签署和实施为双边贸易注入了巨大的能量，也促进了非传统产品的对华出口。中智自贸协定于 2005 年签署，2006 年生效实施，2008 年和 2012 年分别签署补充协议，2016 年，中智双方启动自贸协定升级谈判并于 2017 年签署《议定书》，2019 年，中国—智利自贸补充协定生效，双方在现有的高水平市场自由化基础上，继续扩大开放，承诺进一步对 54 个产品实施零关税，总体零关税产品占比将达到 98%。① 中智自贸协定是迄今为止中国货物贸易开放水平最高的自贸协定。现有双边贸易额是自贸协定签署前 2005 年的 6 倍。中国自 2012 年起，成为并保持智利第一大贸易伙伴、第一大出口市场和第一大进口来源地，智利则是中国在拉丁美洲第三大贸易伙伴。中秘的自贸协定实施情况也很好，实现了双方的互利共赢。秘鲁是唯一一个与中国既建立全面战略伙伴关系，又签署自贸协定的拉丁美洲国家。2009 年，两国签署自由贸易协定并于 2010 年生效，目前双方正在进行自贸协定升级谈判。中国是秘鲁最大的贸易伙伴、出口市场和进口来源国。据秘鲁外贸旅游部统计，2019 年中秘贸易总额为 237.65 亿美元，同比增长 2%，其中，中方对秘鲁出口 102.62 亿美元，同比增长 2%；中方从秘鲁进口 135.03 亿美元，同比增长 2%。目前，秘鲁是中国在拉丁美洲第四大贸易伙伴和第二大投资目的地国，中国是秘鲁主要投资来源国。中国与哥斯达黎加贸易在自贸协定的推动下发展迅速。在与智利、秘鲁和哥斯达黎加的自贸协定顺利实施的同时，中国还适时推进与拉丁美洲地区其他国家的自贸区建设。自贸协定不仅可以使这些国家产品顺利进入中国经济体系，而且可以为中国企业的国际化提供良好的条件和新兴的市场。

三、中国与拉丁美洲主要合作伙伴贸易发展迅速

中国在拉丁美洲国家主要的合作伙伴比较集中，巴西、哥伦比亚、秘鲁

---

① 中国驻智利使馆经商参赞吉小枫：《开拓中智合作新局面推动一带一路新发展》，载《国际商报》2019 年 11 月 25 日，第 12 版。

和智利都是拉丁美洲重要国家，也是中国在该地区主要的经贸合作伙伴。中国已经连续 6 年成为巴西的最大贸易伙伴，同时也是智利和秘鲁的第一大贸易伙伴，是哥伦比亚的第二大贸易伙伴。这四个国家的矿产品、农产品、林产品和渔产品等，越来越多地出口到中国。中国成为这四个国家这几类产品的重要出口市场，中国是巴西铁矿石和大豆、阿根廷豆油、智利铜矿砂等产品的主要出口市场。中国是秘鲁铜、铁、铅、锌和鱼粉等大宗商品以及大鱿鱼、白虾、水果等主要的出口市场；近年来，中国还逐渐成为拉丁美洲非传统产品出口的重要市场，例如，巴西的鸡肉、牛肉和飞机，智利的葡萄酒，墨西哥的鳄梨以及乌拉圭的奶制品等均已进入中国市场。中国与拉丁美洲主要国家贸易的迅速发展对促进双方实施市场多元化战略意义重大。拉丁美洲很多国家通过发展与中国的经贸关系，不仅获得了经济的快速发展，而且在外贸多元化方面取得了突破，过去美国和欧洲一直是拉丁美洲产品最主要的出口目的地，但这两个经济体都缺乏增长的动力。目前，拉丁美洲各国积极扩大对亚洲，特别是对中国的出口，实现出口市场的多元化，逐步摆脱了出口单纯依靠美国欧洲市场的困境，多元化的出口市场不仅使拉丁美洲对外贸易迅速发展，而且使拉丁美洲对外贸易稳定发展。

四、中国对拉丁美洲地区的投资合作快速发展

拉丁美洲地区已经成为中国对外直接投资的重要地区。据中国商务部统计，中国对拉丁美洲直接投资流量 2003 年仅为 10.38 亿美元，到 2013 年这一数字达到了 143.59 亿美元；投资存量从 2003 年的 46.19 亿美元增长至 2013 年的 860.96 亿美元。2014 年，中国企业对拉丁美洲地区直接投资 128.5 亿美元，占中国对外直接投资总额的 12.5%。2014 年，中国对拉丁美洲的投资存量已经突破 1 000 亿美元大关。2019 年 11 月，中国对拉丁美洲地区直接投资存量超过 4 100 亿美元，是 2014 年的 4 倍。拉丁美洲在中国累计实际投资超过 2 200 亿美元，累计设立投资企业 33 188 家。

从投资流向来看，中国对拉丁美洲的投资中，流向开曼群岛和英属维尔京群岛的资金居主导地位，然而其所占比重已经开始出现明显下降，早期流向该领域的投资比重高达 97.9%，目前这两个群岛占中国在拉丁美洲投资总比重为 80% 左右。我国企业在拉丁美洲地区的投资并购项目在逐年增多，并购项目资金巨大。五矿资源、国新国际和中信金属联营体并购秘鲁的拉斯邦

巴斯铜矿项目,实际交易金额达到 58.5 亿美元;中石油并购巴西国家石油公司实际交易金额达到 26.4 亿美元。中国对拉丁美洲投资有的年份已经超过世界银行和美洲开发银行对拉丁美洲投资的总和。

第五节 小 结

本章从研究拉丁美洲区域经济发展历史入手,回顾拉丁美洲整个经济发展历史,指出拉丁美洲的近现代经济是从殖民地经济开始起步的;二战以后拉丁美洲经济发展迅猛;分析 20 世纪 80 年代拉丁美洲经济发展停滞及其原因;20 世纪 90 年代拉丁美洲经济形势趋于好转源于经济改革;21 世纪以来农矿产品价格上升促进拉丁美洲经济良好发展;拉丁美洲经济发展对资源依赖以及深刻贫困等问题依然存在。分析拉丁美洲区域经济发展现状,指出拉丁美洲是发展中国家发展程度较高的地区,经济总量规模庞大;采矿业是拉丁美洲的传统经济部门,目前依然是全球采矿业的投资热点;拉丁美洲的制造业比较发达,工业部门复杂;农业生产发展水平高,在国民经济中占重要的地位。进一步分析拉丁美洲对外贸易基本状况和中国与拉丁美洲经贸发展状况,指出中国与拉丁美洲经贸关系发展迅速;中国与拉丁美洲经贸合作关系密切,签署自由贸易协定的国家不断增加;中国与拉丁美洲主要合作伙伴巴西、哥伦比亚、秘鲁和智利贸易发展迅速;中国对拉丁美洲地区的投资合作发展迅速。

第六章　北美洲区域经济发展与贸易

　　就经济政治地理而言，北美洲是指美国南部国界以北的美洲，即通常所说的盎格鲁美洲或盎格鲁撒克逊美洲。地理意义的北美洲包括 29 个国家，其中，美国、加拿大、墨西哥三国占据了美洲的绝大部分，此外，格陵兰岛、圣劳伦斯河口的法属圣皮埃尔岛和密克隆岛、大西洋西北的百慕大群岛（英属，内部自治）也属于北美洲，总面积 2 422.8 万平方千米（包括附近岛屿），约占世界陆地总面积的 16.2%，是世界第三大洲。人口 5.38 亿（2021 年 9月），居世界第 4 位。通用英语、西班牙语、法语、荷兰语、印第安语等。大部分居民是欧洲移民的后裔，其中以盎格鲁萨克逊人最多。北美洲目前是世界经济发展水平最高的地区之一，其中，美国、加拿大、墨西哥三国属于北美自贸区成员，已建立起比较完善的贸易共同发展基础，同时涵盖北美、中美、南美的美洲自由贸易区的发展使得该区域在经济一体化的道路上更进一步。

第一节　加拿大区域经济发展与贸易

一、加拿大经济发展基本状况

（一）加拿大是典型的地广人稀、资源丰富、高工资、高福利的发达国家

　　加拿大位于北美洲的北部，东、北、西三面环大西洋、北冰洋、太平洋，南临美国，西北部接美国的阿拉斯加。加拿大是典型的地广人稀、资源丰富的国家，总面积 997 万平方千米，位居世界第二，而人口仅为 3 789 万人（2020 年），平均 3 人/平方千米，其中 80% 的人口生活在城市。加拿大资源丰富，居世界储量前十位的矿产主要有钾矿（49 亿吨）、钨矿（29 万吨）、

铀矿（49 万吨）、铂族金属（310 吨），金（2 400 吨）、铁矿（60 亿吨）、锌矿（300 万吨）、镍矿（270 万吨）。加拿大石油资源丰富，原油探明储量 1 685 亿桶，位居世界第三；天然气探明储量 2 万亿立方米，是世界第四大天然气生产国；森林资源 3.47 亿公顷，位居全球第三。加拿大是典型的高工资、高福利的国家。工资水平较高，2019 年底平均小时工资为 27.83 加元[①]；社会福利完善，教育领域实行 12 年制义务教育，医疗领域所有符合资格的人均可通过公共报销计划享受公共医疗护理制度，医疗保险普及全体居民。加拿大是发达的西方七国之一，是七国集团（G7）和经济合作与发展组织成员，许多工农产品的产量和出口量均在世界上占有突出地位，工农业生产的技术水平较高，按人均计算的国民生产总值及能源、机械、钢铁等消费量都居世界前列，是世界谷物出口大国。2010～2020 年加拿大国内生产总值及人均国内生产总值如表 6-1 所示。

表 6-1　　　　　加拿大历年国内生产总值以及人均国内生产总值

年份	国内生产总值（亿美元）	人均国内生产总值（万美元）
2020	1.64	4.32
2019	1.74	4.62
2018	1.72	4.63
2017	1.65	4.51
2016	1.53	4.23
2015	1.56	4.36
2014	1.88	5.09
2013	1.85	5.26
2012	1.77	5.27
2011	1.62	5.22
2010	1.51	4.74

资料来源：中经数据。

（二）加拿大经济中既有发达国家的特征，又有发展中国家的特征

加拿大人口的经济活动和经济结构类型具有典型的发达国家特征，即第

---

① 加拿大对低薪外劳工作签证非常严格。

一产业比重低，第二、第三产业比重高。2019 年，加拿大 GDP 结构中第一产业仅占 2.1%，第二产业仅占 18.2%，第三产业高达 71%。在加拿大经济中，服务业占绝对优势，约占 70% 以上，且比重不断上升。加拿大工业发达、社会福利高等都是典型发达国家的特征但其经济发展也具有典型发展中国家的特征，例如，原料和半制成品的生产和出口在国民经济中所占的比重显著高于一般发达国家，同时经济又高度依赖美国、日本、西欧的投资、技术和市场。同时，对外贸易在国民经济中占有十分重要的地位，其经济发展对进出口贸易的依赖性是七大工业国中最大的。对外贸易占国内生产总值的比重高达 70% 以上，是世界主要农矿产品出口国。

（三）加拿大经济领域对外资依赖性大，主要部门受外资控制

加拿大第二产业大部分受制于美国等外国的公司，生产和贸易领域受制于国际消费和金融市场的兴衰。在经济领域，加拿大对外国资本特别是美国资本依赖性很大，受美国影响非常深刻，主要经济部门多受外资控制，其中美资约占外资总额的 70%，自 20 世纪 60 年代起，全国总的投资中外国资本占 2/3，其中 80% 为美国资本。

（四）加拿大国内经济区发展不平衡

加拿大国内各地区经济发展不平衡，受地理环境和气候的影响，主要经济活动集中在美加边境东西狭长的 160 千米宽的带状地区，广大的北部、西北部地区的经济相对落后。经济发展良好的省份包括安大略省、魁北克省、马尼托巴省等集中在加美边境部分的城市。

二、加拿大的对外贸易基本状况

（一）自由贸易协定对加拿大贸易影响深刻

对外贸易在加拿大国民经济中占有非常重要的地位，贸易立国是加拿大贸易领域的基本对策。对外贸易发展过程中，两个自由贸易协定对加拿大贸易影响深刻：一个是北美自由贸易协定，另一个是加欧综合经济贸易协定。

北美自由贸易协定是美国、加拿大和墨西哥在 1992 年签署并于 1994

年 1 月正式生效的全面自由贸易协定，市场规模达 19 万亿美元，拥有 4.7 亿消费者的区域市场。根据自由贸易区协议，取消彼此之间的关税，统一对外关税，促进货物和劳动力流动。2017 年 8 月，北美自贸区（NAFTA）重谈进程正式开启，2018 年 9 月，《美墨加协定》（USMCA）取代北美自贸区（NAFTA）。①

　　加欧综合经济贸易协议（CETA）是加拿大与欧盟及其各成员国之间签订的自由贸易协定，是加拿大自北美自由贸易协定以来签署的最大的双边协议。加欧综合经济贸易协议的具体内容涉及经济贸易的各个方面，主要包括货物贸易、政府采购、规制协调、服务贸易、投资等领域。货物贸易领域，加拿大和欧盟同意在 CETA 生效时或在 3~7 年内逐步取消原产于欧盟和加拿大的货物的进口关税，降低出口商和进口商的成本，增强货物在市场中的竞争力，为消费者提供更广泛的选择和更低廉的价格。规制协调方面，主要是指通过减少各国监管措施差异，加强各方监管机构合作，来保证监管的一致性。政府采购方面，在 CETA 下加拿大将向欧盟公司开放采购，开放幅度大大超出了其在多边政府采购协议（GPA）和北美自由贸易协定下提供的范围，从而在服务贸易领域促进了加拿大与欧盟之间的双边服务贸易。投资领域，加拿大和欧盟应为对方的投资者提供投资保护，并保证公平公正的待遇和全面的安全保护，有重大商业活动的投资者都将受到保障，若某缔约方的公司因东道国违反非歧视义务或因其违反投资保护规定而遭受损失，CETA 允许该公司在仲裁之前起诉该国政府。可持续发展与劳工与环境领域，在欧盟方法的基础上，CETA 制定了实质性条款，包括对国际标准和协议的承诺、尊重国际劳工组织（ILO）的核心劳工标准以及保障工作中的安全、执行已批准的国际劳工组织基本公约等；环境方面承诺有效执行多边环境协定，维护各方在各自认为必要或适当的劳工和环境领域进行监管的权利，同时在这些领域提供高水平的保护；参与森林、渔业等自然资源的保护和可持续管理，包括打击非法、未报告和无管制的捕捞，支持区域渔业管理组织，促进可持续水产养殖等。支持对可持续发展目标有利的贸易和投资实践，例如，企业社会责任实践以及生态标签、公平贸易等可持续性保障计划②。

---

　　① 吕晓莉：《〈美墨加协定〉框架下的加拿大：妥协中的坚守》，载《拉丁美洲研究》2019 年第 2 期。

　　② 吴晶：《加欧综合经济贸易协议（CETA）及对加拿大影响分析》，载《中国外资》2019 年第 12 期。

（二）加拿大商品与货物贸易规模大，是典型的贸易发达国家

2019 年 1～12 月，加拿大货物进出口额为 8 994 亿美元，比 2018 年同期下降 87.6%。其中，出口 4 464 亿美元，下降 87.6%，进口 4 531 亿美元，下降 87.6%，贸易逆差 67 亿美元。2010～2019 年加拿大货物贸易统计如表 6－2 所示。

表 6－2   加拿大货物贸易年度统计   单位：百万美元

年份	总额	出口	进口
2019	899 438	446 357	453 081
2018	920 401	451 889	468 512
2017	865 936	423 370	442 566
2016	806 718	393 593	413 125
2015	827 303	410 040	429 343
2014	937 347	478 688	474 426
2013	919 871	465 357	473 222
2012	917 068	454 737	462 331
2011	903 274	452 438	450 836
2010	778 291	387 116	391 176

资料来源：2010～2012 年、2019 年数据来自国家统计局；2013～2018 年数据来自世界银行。

加拿大主要的进出口产品结构如下。出口方面矿产品、运输设备和机电产品是加拿大的主要出口商品，其次为农产品、林木产品、燃料。进口方面机电产品、运输设备和矿产品是加拿大进口的前三大类商品，其次为轻工产品及其他消费品。

（三）加拿大贸易伙伴多元化趋势发展良好

加拿大传统贸易伙伴是美国、中国及欧洲国家，但是近年来比重下降，相应地，加拿大与新兴市场国家贸易发展较快。美国是加拿大传统主要贸易伙伴，在加拿大进口中所占比重超过半壁江山，因此，加拿大多数产品的进口最大来源均为美国，在高附加值产品如机电产品、运输设备等产品进口上，美国所占份额远高于其他国家。欧洲是加拿大的重要贸易伙伴，历史上欧盟的发展对加拿大与欧洲的贸易有一定的抑制，但是随着加欧综合经济贸易协议（CETA）的签署和推进，加拿大与欧洲之间的贸易迅速发展，欧盟占据加拿大的贸易比重不断提高。中国作为世界级贸易大国，一直是加拿大重要的贸易伙伴。中国对加拿大出口主要商品为机电产品、家具玩具产品和纺织品及原料，因此，在部分劳动密集型产品和少量高附加值产品如纺织品及原料、贱金属及制品、光学钟表及医疗设备等的进口上，中国仍为加拿大最大进口来源地。除传统的贸易伙伴，加拿大积极开拓新的贸易合作伙伴，效果显著。2019 年 1～12 月加拿大对美国、中国和英国出口额分别为 3 369 亿美元，175 亿美元，149 亿美元，三国合计占加拿大出口总额的 82.7%。2019 年 1～12 月加拿大自南极地区、保加利亚、缅甸进口额为 0.002 亿美元，1.5 亿美元，1.4 亿美元，其中，自保加利亚、缅甸和南极地区进口分别增长 5.7%、36.6% 和 81.2%，三国合计占加拿大进口总额度的 0.1%，虽然比重较低，但是增长迅速，是加拿大贸易伙伴多元化趋势发展良好的标志。

（四）加拿大主要的顺差和逆差来源地比较稳定

美国是加拿大最主要的顺差来源地，其次分别是英国、中国香港、阿联酋；逆差主要来自中国、墨西哥和德国。2019 年加拿大进出口产品前五大贸易顺差来源地依次为美国、英国、中国香港地区、阿拉伯联合酋长国和挪威，其中，美国顺差额为 1 073 亿美元、英国顺差额为 80 亿美元、中国香港地区顺差额为 27 亿美元、阿拉伯联合酋长国顺差额为 10 亿美元、挪威顺差额为 5 亿美元。加拿大进出口产品前五大贸易逆差来源地依次是中国、墨西哥、德国、意大利和越南。2019 年 1～12 月逆差额分别为中国 391 亿美元、墨西哥 223 亿美元、德国 99 亿美元、意大利 46 亿美元、越南 45 亿美元。①

第二节　美国区域经济发展与贸易

美国地处北美洲南部，东邻大西洋，西濒太平洋，北接加拿大，南临墨西哥及墨西哥湾，领土总面积 936.43 平方千米，位居世界第四，全国分为

---

① 资料来源：国家统计局。

50 个州和一个特区，其中本土 48 个州，还有北美大陆西北端的阿拉斯加和太平洋的夏威夷及哥伦比亚特区。此外，美国还统治着波多黎各岛、美属维尔京群岛、关岛、美属萨摩亚群岛、太平洋托管岛屿等海外领地和托管地。美国是个移民组成的国家，400 多年前移入的印第安人是美洲大陆最早的主人，16 世纪初移民以英格兰人和爱尔兰人占绝大多数，19 世纪中期移民以日耳曼以及斯堪的纳维亚半岛的人为主，19 世纪末移民主要以东欧和南欧各国移民为主，这些移入美国的人逐渐掌握英语并接受美国的生活方式，形成今天的美国。美国在种族的构成人上以白种人为主，有色人种以黑人为主，总人口 3.29 亿（2020 年），其中，白色人种占 80% 以上，黑人约占 12%，平均 30 人/平方千米。

居民居住区域方面，美国目前城市人口 70% 以上，大部分人口居住在城市。美国典型的三个城市带既是人口集中分布区，也是政治经济发展集中区，其中以大西洋沿岸的波士华城市带为最大，包括波士顿、华盛顿、纽约、费城，该城市带位于美国东部地区，是美国政治经济金融文化的核心区域；其次是五大湖沿岸城市带，位于美国北部地区，包括芝加哥、底特律、克利夫兰、匹兹堡，是美国工业集中分布的地区，其中底特律是美国历史上重要的汽车城，匹兹堡历史上是美国钢铁都城；最后是太平洋沿岸城市带，位于美国西部地区，包括旧金山、洛杉矶等。美国居民分布除了主要的城市带之外，印第安人绝大多数居住在偏僻的（226 个）保留地，西班牙语裔民族分布在西南部和南部，80% 的黑人集中在城市，他们平均工资较低，收入较低。

一、美国经济基本特征

美国经济规模大，部门结构完整，生产力发展水平高，既有发达的工业，又有发达的农业和交通运输业，对外贸易、高科技领域处于世界前列，是其他发达国家所不能比拟的，在世界处于主导地位，是典型的经济高度发达的资本主义国家。美国面积占世界的 7%，人口仅占世界的 5%，但是美国国民生产总值约占世界的 1/4，2020 年美国国内生产总值 20.94 万亿美元，占世界 24.7% 的比重，居世界首位。人均国内生产总值 63 543 美元。2010～2020 年美国 GDP 以及人均 GDP 如表 6 - 3 所示。

表 6 – 3   2010 ~ 2020 年美国 GDP 以及人均 GDP

年份	GDP（万亿美元）	占世界比重（%）	人均 GDP（美元）
2020	20.94	24.7	63 543
2019	21.43	24.4	65 279
2018	20.61	23.8	63 064
2017	19.54	24.0	60 109
2016	18.75	24.5	58 021
2015	18.24	24.2	56 863
2014	17.53	22.1	55 049
2013	16.78	21.7	53 106
2012	16.2	21.6	51 602
2011	15.54	21.2	49 882
2010	14.99	22.7	48 466

资料来源：世界银行。

（一）美国高科技产业对经济增长的贡献远高于传统产业

在美国，物质生产部门产值占 30%，而科技、文化、金融、贸易、服务行业产值达 70%，尤其是高技术方面，已成为美国主导产业。美国已经进入知识经济时代，高技术部门的年增长率高达 8% 左右，技术部门对经济增长的贡献大，其中高技术主要行业信息产业对经济增长的贡献率高达 35%，远远大于汽车行业 4% 的贡献率和房地产行业 15% 的贡献率。美国高科技对经济增长的高推动源于美国对科技的高投入，其每年的科研经费约 2 000 亿美元，比日本、德国、法国和英国的总和还要多。

美国高科技产业主要包括电子计算机和信息处理技术、现代通信技术和电子元件、航空航天工业，具体包括微电子、软件、机器人、通信设备、计算机辅助设计、生物工程等部门。除机器人生产位居世界第二以外（德国位居第一），其余五个行业产量居世界首位，高科技产业出口占全美制成品出口的 30% 左右。电子信息技术领域，目前计算机操作系统的软件、硬件大部分来自美国，美国拥有大量先进的软件和软件人才，在全球电脑销售总额中占 40%；通信方面，通信卫星等处于世界领先地位，但是受到日本、韩国、西欧的挑战比较强烈；航空与航天技术是高新技术工业的综合体，也是美国短期内不会遭到外部挑战的高科技领域，主要分布在洛杉矶和西雅图包括商用飞机、直升机、飞机发动机及零部件等。

（二）传统产业技术先进发展平稳

汽车工业领域，美国汽车产业技术先进、规模庞大，是美国主要的经济支柱，汽车年产量达 1 200 万辆，60% 为小汽车，主要分布在布法罗、辛辛那提、珍妮斯维尔，其中以底特律①周围地区最为集中，历史上底特律是全国最大的汽车制造中心，这里有发达的冶金和机器制造，有利于汽车工业发展，二战后，汽车产量和消费量急剧增加，长期居首位，在能源危机及其他因素的冲击下，汽车生产有 10 年多被日本超过，直到 1994 年才恢复到首位，占世界总产量 1/4，既是世界销售汽车最多的国家，占全球 30% 销量，又是世界最大的汽车进口国。

能源工业领域，美国是世界上最大的能源生产国和消费国，美国人口约占世界的 5%，但消耗的能源占全球的 42%，能源消费结构中煤占 21%，石油和天然气占 63%，电力占 10%。美国是世界石油消费大国，也是世界石油进口国，主要来自沙特阿拉伯、墨西哥、加拿大、委内瑞拉、尼日利亚。2013 年以后随着页岩油气技术的突破，石油自给率得到极大提高。煤炭方面，美国是产煤大国，煤炭总储量 1.5 万亿吨，非常丰富，优质煤，易于大规模露天开采，年产量 9 亿吨，仅次于中国，是煤炭出口大国，但产量不稳定。

钢铁工业领域，钢铁、汽车、建筑曾被称为美国工业的三大支柱，铁矿总储量 1 097 亿吨，苏必利尔湖周围蕴藏着丰富的铁矿资源：阿巴拉契亚煤田、落基山以及位于密西西比的中央煤田蕴藏着丰富的炼焦煤，加上五大湖便利的水运条件，使得历史上芝加哥、匹兹堡、布法罗、克利夫兰成为美国钢铁工业集中发展地区，其中匹兹堡曾号称是美国钢都。美国年钢产量约 1 亿吨，居世界前列，产量比较稳定；其既是世界上最大的钢铁消费国，也是世界最大的钢材进口国。

化学工业领域，美国是世界上化学工业最发达的国家，现约占世界化学

---

① 底特律成为美国的"汽车城"还有极其重要的历史原因，早在 19 世纪密执安州的南部就是伐木和烧炭中心，后来，随着工业大规模向西迁移，又兴起了马车制造业，到 19 世纪末底特律成了著名的马车制造和金属加工中心，为后来发展汽车工业奠定了基础，美国三大汽车公司的总部均设在底特律。随着美国制造业的外移，底特律作为汽车制造业中心的地位不断降低。

工业总产值的 1/4，化学工业门类齐全，化工产品达 7 万多种，是美国最大的工业部门之一，目前硫酸、化肥、合成橡胶等主要化工产品产量居世界第一位，美国也是世界上最大的化工产品出口国。

（三）美国经济命脉掌握在极少数垄断资本家手中，是垄断程度很高的国家

马克思在资本论中对资本主义进行系统的阐述，指出垄断是资本主义的高级发展阶段。美国作为一个典型的资本主义国家，经济命脉掌握在极少数垄断资本家手中，是垄断程度很高的国家。美国 500 家最大工业公司约占美国全部非金融公司资产的 40%，拥有全部银行资产的 1/3，占全部人寿保险公司的 85%，垄断了销售总额的 1/2 以上，所获利润占所有公司利润总额的 70%。跨国公司本身就是垄断资本高度发达的产物，世界最大的 100 家跨国公司中美国约占 1/3。

（四）美国农业是世界上规模最大，用最新科学技术装备起来的高效率的资本主义大农业

美国工业产值远大于农业产值，工业占工农业总产值的 80% 以上，但是美国也是农业很发达的国家。美国耕地面积 1.9 亿公顷，农业人口仅占 2.29%，美国农业的现代化水平高，农产品商品率高，部门结构齐全，种植业与畜牧业并重发展，拥有完整的生产体系。目前生物学、遗传学和化学的科技成果被广泛应用于农业生产，极大地提高了劳动生产率。美国各类农产品的产量大大超出了国内市场需求，农畜产品的商品化率极高。美国是当今世界第一大农产品出口国，主要出口小麦、大豆和玉米，其中，小麦出口占世界小麦市场销售的 1/2 左右，大豆和玉米占世界市场份额均居世界前列。粮食产品出口是美国获取外汇和弥补外贸逆差的重要手段。

美国农业生产的专业化程度高，主要表现在农场市场化和农业地区专业化两个方面，许多农场不仅生产单一农产品，而且专门经营这种产品的某个品种，形成集约化的商品化农场；各种农畜产品的生产相对集中于不同地区，在每个专业化地区，一般都以一两种农产品及其辅助部门为主。农业生产管理企业化与高度社会化，农场采取公司的组织形式，以适应农业对资金、技术、人才的需要，从而提高农场生产、管理和经营的效率；在销售形式方面，设立农产品期货市场，使农产品销售有市场保证。因此，农业生产的专业化分工、企业化管理使得农业生产高度市场化。

二、美国对外贸易发展状况

（一）美国对外贸易额度居世界前列

1985 年以前，美国在世界贸易中的比重虽不断下降，但一直是贸易大国；1986 年居世界第二，仅次于原联邦德国；1989 年，超过原联邦德国；1990 年德国又超过美国；1991 年起美国成为最大的出口国，并继续保持。2019 年美国成为全球第二大商品贸易国、第二大商品出口国、全球最大的商品进口国。1970 ~ 2020 年美国对外贸易进出口数据统计如表 6 - 4 所示。

表 6 - 4 　　　　　　美国历年对外贸易进出口数据统计 　　　　单位：亿美元

年份	出口额	进口额	货物与服务贸易逆差
2020	14 316. 4	24 075. 5	7 388
2019	16 451. 7	24 984. 02	6 168
2018	16 644. 1	26 141. 1	6 210
2017	15 467. 3	23 429. 1	5 660
2016	14 538. 3	22 501. 5	7 963
2015	15 045. 8	22 482. 3	7 537
2014	16 234. 1	24 125. 5	7 891
2013	15 790. 5	23 290. 6	7 500
2012	15 457. 1	23 365. 2	7 908
2011	14 802. 9	22 658. 9	7 856
2010	12 784. 9	19 691. 8	6 907
2000	7 819. 9	12 593. 0	4 774
1990	3 935. 9	5 169. 9	1 234
1980	2 255. 7	2 569. 9	314
1970	432. 25	424. 28	保持顺差

资料来源：1970 ~ 2016 年数据来源于国际货币基金组织；2017 ~ 2020 年数据根据新闻整理得到。

（二）美国商品货物外贸逆差不断增加

美国货物贸易自 20 世纪 70 年代（1971 年）出现逆差以来，逆差持续增加。如表 6 - 4 所示，美国贸易逆差不断扩大。贸易逆差结构主要来自美国货物贸易的逆差，美国服务贸易历年保持顺差，服务贸易顺差是弥补货物贸易逆差的重要手段。如果仅考察美国货物贸易逆差，逆差额度更高。以 2019年、2020 年的数据为例，美国货物与服务贸易总逆差分别为 6 168 亿美元、7 388 亿美元，货物贸易逆差分别为 8 532 亿美元、9 759 亿美元。货物贸易逆差比总逆差高 2 000 多亿美元。美国商务部公布的数据显示，2019 年美国贸易逆差来源，中国是美国最大的贸易逆差国，逆差 3 456 亿美元，占美国贸易逆差总额 1/2 以上。欧盟是美国第二大贸易逆差伙伴，逆差额 1 779 亿美元。墨西哥是美国第三大贸易逆差国，逆差额 1 018 亿美元。美国其他的主要的贸易逆差伙伴还有：日本（690 亿美元）、德国（672 亿美元）、爱尔兰（527 亿美元）、意大利（334 亿美元）、马来西亚（274 亿美元）、加拿大（270 亿美元）、瑞士（267 亿美元）、印度（233 亿美元）、韩国（206 亿美元）、泰国（202 亿美元）、法国（197 亿美元）、俄罗斯（165 亿美元）和印度尼西亚（124 亿美元）。

（三）美国服务贸易增长迅速经常保持顺差

美国服务贸易近几年发展迅速，经常保持顺差。美国服务贸易主要集中在旅游、运输、保险、银行、广告、工程设计、知识产权、数据处理、信息传送及其他高科技领域。2018 年，美国服务贸易进出口总额为 1.39 万亿美元，同比增长 5%。其中，服务贸易出口总额为 8 281 亿美元，同比增长 6.0%；服务贸易进口总额为 5 592 亿美元，同比增长 3.9%；服务贸易顺差为 2 692 亿美元，同比上涨 1.1%。2019 年，美国服务贸易进出口总额为 1.44 万亿美元，同比增长 3.6%。其中，服务贸易出口总额为 8 467 亿美元，同比增长 2.4%；服务贸易进口总额为 5 974 亿美元，同比增长 5.3%；服务贸易顺差为 2 492 亿美元，同比减少 4.0%。2014～2019 年美国服务贸易额度统计如表 6 - 5 所示。

表 6 - 5　　　　　　　2014～2019 年美国服务贸易额度统计额度　　　单位：万亿美元

年份	进出口总额	出口总额	进口总额	贸易顺差
2014	1.22	0.74	0.48	0.26
2015	1.24	0.75	0.49	0.26
2016	1.25	0.75	0.50	0.25

续表

年份	进出口总额	出口总额	进口总额	贸易顺差
2017	1.32	0.78	0.54	0.24
2018	1.39	0.83	0.56	0.27
2019	1.44	0.85	0.60	0.25

资料来源：美国商务部经济分析局。

（四）美国外贸政策主要倾向贸易自由化

1947 年，美国同其他主要的资本主义国家签署关税与贸易总协定，美同意降低平均关税的 21%，但主要针对工业原料，对棉布等消费品减税较少。1962 年，肯尼迪政府制定并修订《扩大贸易法》，目的是摆脱 1960~1961 年的经济危机，企图打开西欧的关税壁垒，该法授权总统可以削减关税 50% 以上直到 100%。1964 年，肯尼迪回合谈判，勉强达成协议，工业品平均削减关税 35%。1974 年 12 月，美国国会通过《1974 年贸易法》，主要内容包括消除非关税壁垒：强调农产品领域的关税和非关税。当进口商品的竞争发生严重危害时，总统有权采取提高关税、设置进口限额等进口补救措施。国际收支出现问题时的临时措施，包括在国际收支发生紧急情况或者外汇市场上美元汇价过度下跌时，可采取有效期 159 天的进口限制措施。对凡是参加石油输出国和原料输出国组织以及没收美资企业国家，一律不给普遍优惠制待遇的限制。在美国经济发展良好，处于世界先进地位时期，美国的一系列法律政策在很大程度上促进了世界贸易自由化的发展，贸易政策明显倾向于贸易自由化。

（五）美国新贸易保护主义抬头

美国出口产品竞争能力受到挑战，进出口产品结构不断变化，新贸易保护主义重新抬头。根据美国商务部资料显示，2019 年，机械器具、矿物燃料、电机、航空器、车辆及零部件是美国的主要出口商品，占美国出口总额的比例分别为 12.46%、12.08%、10.48%、8.23% 和 8.05%。机械器具、电机、车辆及零部件、矿物燃料和药品是美国的前五大进口商品，占美国进口总额的 14.73%、13.75%、12.11%、7.99% 和 5.07%。

从美国 2019 年进出口产品结构来看，美国对外贸易产品竞争力受到挑战，早期的劳动密集型产品由于工资率的提高已经退出历史舞台，同时，目前美国出口电脑、飞机、软件、数据处理、汽车、汽车零部件、化工制品等产品也不断受到来自其他国家的挑战，因此，目前在美国对外贸易政策中，新贸易保护主义重新抬头，主要措施包括：由关税壁垒向非关税壁垒转变；扩大反倾销和反补贴投诉；对知识产权保护力度加大等方面。

（六）美国主要的贸易伙伴发展稳定

无论是货物还是服务贸易，美国的主要贸易伙伴比较稳定，主要是贸易额度历年变化不大。美国作为美墨加协议的主要成员，其传统的贸易伙伴是加拿大和墨西哥，其次是亚洲地区的中国、日本；欧洲地区的德国、英国是其传统的贸易伙伴，近几年与印度在服务贸易领域合作加强，贸易额度增加。美国商务部资料显示，2019 年美国前五大主要货物出口目的地分别为加拿大（2 933 亿美元，占比 17.8%）、墨西哥（2 569 亿美元，占比 15.5%）、中国（1 072 亿美元，占比 6.48%）、日本（753 亿美元，占比 4.56%）和英国（697 亿美元，占比 4.21%）。美国前五大主要货物进口来源地分别为中国（4 527 亿美元，占比 17.97%）、墨西哥（3 645 亿美元，占比 14.47%）、加拿大（3 258 亿美元，占比 12.93%）、日本（1 455 亿美元，占比 5.78%）和德国（1 278 亿美元，占比 5.07%）。服务贸易方面，2019 年美国前五大服务贸易出口目的地分别为英国（746.70 亿美元，占比 8.83%）、加拿大（647.00 亿美元，占比 7.65%）、中国（566.67 亿美元，占比 6.70%）、日本（486.99 亿美元，占比 5.76%）和德国（359.79 亿美元，占比 4.26%）。美国前五大服务贸易进口来源地分别为英国（623.14 亿美元，占比 10.47%）、加拿大（375.60 亿美元，占比 6.31%）、日本（359.84 亿美元，占比 6.04%）、德国（345.90 亿美元，占比 5.81%）和印度（303.00 亿美元，占比 5.09%）。

第三节　小　　结

本章主要分析北美洲两个主要国家加拿大和美国的区域经济发展和对外贸易基本状况。第一节分析加拿大经济基本状况，指出加拿大是典型的地广人稀、资源丰富、高工资、高福利的发达国家；加拿大经济中既有发达国家的特征，又有发展中国家特征；加拿大经济领域对外资依赖性大，主要部门受外资控制，加拿大国内经济区发展不平衡；通过进一步分析加拿大的对外贸易基本状况，指出北美自由贸易协定和加欧综合经济贸易协议（CETA）对加拿大贸易影响深刻；加拿大商品与货物贸易规模大，是典型的贸易发达国家；加拿大贸易伙伴多元化趋势发展良好；加拿大主要的顺差和逆差来源国比较稳定。第二节分析美国经济基本特征，指出美国经济规模大，部门结构完整，生产力发展水平高，既有发达的工业，又有发达的农业和交通运输业、对外贸易，高科技领域处于世界前列，是其他发达国家所不能比拟的，在世界处于主导地位，是典型的经济高度发达的资本主义国家；美国高科技产业对经济增长的贡献远高于传统产业；传统产业技术先进发展平稳；美国经济命脉掌握在极少数垄断资本家手中，是垄断程度很高的国家；美国农业是世界上规模最大、用最新科学技术装备起来的高效率的资本主义大农业。进一步分析美国对外贸易发展状况，指出美国对外贸易额度居世界前列；美国商品货物外贸逆差不断增加；美国服务贸易增长迅速经常保持顺差；美国外贸政策主要倾向贸易自由化；美国新贸易保护主义抬头；美国主要的贸易伙伴发展稳定。

本章阅读资料

<h3 style="text-align:center">美国经济迅速发展历史原因分析</h3>

从英国移民的资本主义在北美这块空地上无阻碍的建立和发展起来，1776 年，独立战争后，美国走上了独立发展的道路，历史上没有根深蒂固的封建制度，农业中一些封建关系已被彻底废除，特别是南北战争，南方的奴隶制得到涤荡，工业中没有像欧洲各国那样保守的生产包袱的束缚，为资本主义在全国迅速发展扫除了道路。大发世界大战的横财，第一次世界大战，四年期间，美国制造业生产增长了 32%，对外贸易跃居世界第一，并由债务国变成债权国，生产了世界近 1/2 的工业产品；第二次世界大战后，美国便占有了资本主义世界工业生产量的 53.4%，对外贸易的 1/3，黄金储备量的 3/4，成为最大的资本输出国。在美国发展中，资本家无法从农村得到劳动力，城市劳动力还流向农村，因而只有采用先进技术，提高工资来吸引工人。

第七章　世界粮食生产发展与贸易

粮食作物的生产隶属于第一产业，第一产业指广义的农业，包括种植业、畜牧业、林业、水产业等部门，既是各个地区国民经济的基础，也是经济发展、国家自励、民族团结、社会安定的基础。

第一节　世界农业生产发展概述

一、世界农业发展不平衡

世界农业生产发展不平衡，目前世界农业发展存在三种模式：首先是现代化农业发展模式，以北美、澳大利亚、欧盟为代表，农业现代化水平高，农业生产主要以资本和技术投入为主，农产品属于资本技术密集型产品。这些国家（地区）农业人口占总人口的比重很低（5%左右），但是农业劳动力产值很高，一个农业劳动力可以生产 10 万公斤粮食、2 000 公斤牛肉、1 000 公斤猪肉，一个农业劳动力的产值可供 50 个人消费。此类农业发展模式的国家面临的主要问题是农产品过剩问题，需要在国际市场中销售农产品。其次是传统农业模式，以发展中国家为代表，农业人口占比较高，部分实现了机械化，粮食基本自给。最后是原始农业模式，其在落后地区依然存在，耕作方式落后，资本投入不足，种子研发技术落后，这些国家典型的特征是农产品产量低，不能满足国内人们的生活需要，经常要大量进口粮食，原始农业模式主要集中在撒哈拉以南地区的第三世界国家。目前，全世界存在粮食短缺的人口多达 8 亿。

二、畜牧业的发展状况和人均畜产品占有量已成为衡量一个国家农业发展程度的重要标志

世界第一产业的发展由早期的以种植业为主，到种植业和畜牧业并重发展，目前以畜牧业为主的耕作制度。发达国家以德国、英国、芬兰为代表，畜牧业占农业总产值的70%以上；法国、美国畜牧业占农业总产值的50%左右。发展中国家以印度、中国为代表，种植业比重较高，有的国家种植业占70%左右。当然，非洲一些落后国家畜牧业占农业总产值高达70%，国内大部分人从事畜牧业，但是这些国家与发达国家的本质区别是畜牧业商品化率很低，养殖技术不发达。

三、农业产值增大，地位下降

世界各国农业绝对产值都在增加，但地位不断下降，第一产业所占比重下降，主要是由于第二产业及第三产业，尤其是第三产业发展势头迅猛。图7-1是中国2014~2019年三大产业增加值占GDP的比重柱状图，数据显示，第一产业增加值占比的比重持续处于下跌的趋势，从9.1%下滑到7.1%。

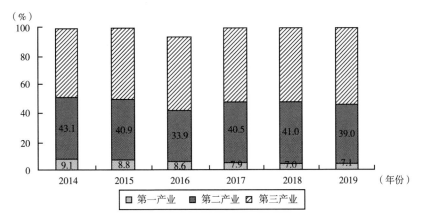

图7-1　2014~2019年中国三大产业增加值占GDP比重

资料来源：中商产业研究院数据库。

第二节　世界粮食生产发展概述

世界主要粮食作物包括小麦、玉米、水稻。世界有大约50%的人以小麦为食，水稻集中分布在亚洲，是亚洲人的主要食物来源。玉米既是世界重要的粮食作物，同时也是世界主要的精饲料作物。

一、世界粮食产量和贸易量持续增加

1950～1990年，粮食生产由5.33亿吨增加到19.55亿吨，贸易由5 163万吨增加到2.5亿吨，2000年世界粮食产量保持在约19亿吨，2006年世界粮食产量约为21亿吨。2013年粮食产量约24亿吨，2019年世界粮食产量27亿吨，2019年世界粮食贸易量仍然保持在2亿吨左右。从历史数据来看，世界粮食产量不断增加，但是粮食生产受到许多因素的影响，生产不稳定，在歉收年份，粮食供给仍是世界一个重要的问题，尤其在非洲和第三世界国家。从世界粮食贸易量来看，自2000以来，世界粮食贸易增长变化不大，主要原因是粮食作为关系国计民生的产品，大部分国家尽量保持国内供给而非依靠进口，因此，世界粮食贸易量增长幅度不大而且年度贸易额比较稳定。

二、世界粮食生产发展和出口区位分布不平衡

从世界粮食生产的区位分布来看，亚洲粮食生产约占世界的2/5，欧洲粮食生产约占世界的1/4，北美的粮食生产约占世界的1/5。主要的产粮大国分别是中国、美国、印度、法国、俄罗斯、加拿大、阿根廷等国，产量约占世界产量的3/5以上。粮食的出口大国主要有美国、加拿大、法国、澳大利亚、阿根廷、俄罗斯等。

第三节　世界小麦生产区位分布与贸易

一、世界小麦生产分布高度集中

根据联合国粮农组织数据库统计，世界小麦常年产量约为 5.8 亿吨，占谷物总产量的 28%。世界种植小麦的国家很多，但产量主要集中在中国、印度、美国、俄罗斯、加拿大、澳大利亚和阿根廷等国家，这 7 个国家小麦产量占世界总产量的 50% 以上[①]。在这 7 个国家中，中国总产量超过 1 亿吨，位居世界第一，其次是印度、美国和俄罗斯。从各大洲的分布看，小麦生产主要集中在亚洲，种植面积约占世界小麦面积的 45%，其次是欧洲，种植面积约占世界小麦面积的 25%，美洲种植面积约占世界小麦面积的 15%，非洲、大洋洲和南美洲各占 5% 左右。2018 年全球小麦生产国产量占世界比重如图 7 - 2 所示。

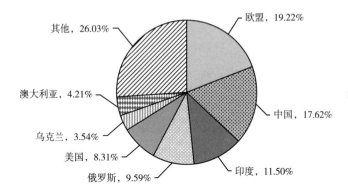

图 7 - 2　2018 年全球主要小麦生产国产量占比

资料来源：根据联合国粮农组织数据（FAOSTAT）整理。

世界小麦主要分布在北纬 25°～55°，南纬 25°～40°五个条带状区域，其中北半球有四个条带，南半球有一个不连续的条带。具体包括：西欧平原 - 中欧平原 - 东欧平原 - 西伯利亚平原南部；地中海沿岸 - 土耳其 - 伊朗 - 印度恒河流域；中国的东北平原 - 华北平原 - 黄土高原 - 长江中下游平原；加拿大中南部至美国中部的北美洲中部大草原；北半球这四个小麦分布区产量

[①]　王积军：《世界小麦供需特点及主要贸易国情况》，载《世界农业》2004 年第 10 期。

占世界小麦总产量的90%。南半球只有一个不连续的条带，从南非到澳大利亚（西东南部）再到新西兰坎特伯里平原到阿根廷的潘帕斯草原。

二、世界小麦供需矛盾依然存在

小麦作为全球最主要的粮食作物，属于人们的主粮，是人类蛋白质和碳水化合物的主要摄取来源，据国际粮食政策研究所预测，世界小麦需求量不断增加，但是产量增长缓慢，歉收年份小麦供需出现偏紧态势。世界小麦产量统计如图7－3所示。产量自2008年至2018年增加不大，但是随着世界人口增加，小麦需求迅速增加。

全球范围内，欧元区、中国、美国为全球前三的主要小麦生产区域。与欧美不同，中国小麦基本是自给自足很少出口，全球小麦的主要出口地区为美国、加拿大和欧元区。从种植面积来看，北美和中国呈现下降趋势，其中，美国在2006年后，受到生物燃料作物种植的影响，出现一定程度的挤出效应，这两个国家小麦种植区域的减少对世界小麦供需影响严重，中国进口量增加较快，美国出口量减少较多，世界小麦市场供需矛盾增加。欧元区和印度的种植面积基本保持稳中有升的趋势，批准转基因小麦试验种植的阿根廷的种植面积始终保持平稳态势。欧元区的单产水平较高，且种植面积维持在上升态势；中国在总种植面积缩减的情况下，高密度的化肥、农药使用以及品种改良仍然保持单产的不断提升。出于气候、光照、地理等因素的影响，美洲主要小麦生产国的单产基本都维持在同一水平。

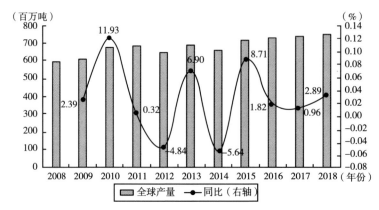

图7－3　2008～2018年世界小麦产量统计

资料来源：根据联合国粮农组织数据（FAOSTAT）整理。

三、世界小麦交易范围广、交易量大、参与国家多、出口国比较集中，进口国比较分散，贸易量相对稳定

　　世界小麦贸易量自1981年超过1亿吨以后，几十年相对比较稳定，一直在1亿~1.2亿吨徘徊。主要是因为一些传统的小麦进口国提高了自给率，从而降低了进口量，使世界小麦贸易量的增长受到制约。自2000年以来，世界小麦进出口增加，2016年出口量最高达到1.8亿吨左右。2018年全球小麦进口量为173.92百万吨，出口量为175.26百万吨，同比减少3.26%和3.72%。历年全球小麦进出口统计如图7-4所示。

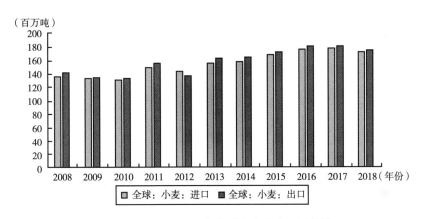

图7-4　2008~2018年全球小麦进出口量统计

资料来源：根据联合国粮农组织数据（FAOSTAT）整理。

　　出口方面，2008~2018年，全球小麦出口由143.66百万吨增至175.26百万吨，与出口增速保持一致。2018年，澳大利亚、加拿大、欧盟、俄罗斯联邦、美国五国出口数量合计份额占世界小麦出口的75%，五个国家成为世界主要的小麦出口国。美国农产品2/5用来出口、农产品出口约占外汇收入的20%，是其主要的出口物资，美国是全球最大的小麦出口大国，年均出口量在2 700万吨；加拿大、法国、澳大利亚也是传统的小麦出口国，出口量一直稳定在1 400万~1 900万吨。法国还是欧洲最大的小麦出口国，法国主要出口对象是欧洲南部；澳大利亚和加拿大属于典型的小麦贸易出口国，资本主义大农场的耕作方式，现代化水平高，耕作粗放，单产量低，小麦产量的4/5用来出口；俄罗斯近年小麦产量增加，丰收的年份出口量超过3 000

万吨。阿根廷作为传统的小麦出口国，常年出口量 1 000 万吨，小麦产量在拉丁美洲各国遥遥领先，出口以州内市场为主，目前迎来农业政策利好，未来将增加小麦出口量。

进口方面，2008～2018 年，全球小麦进口由 136.93 百万吨增至 173.92 百万吨。小麦进口国主要集中在亚洲和非洲，南美和部分欧洲国家也有一些进口。仅亚洲进口小麦的国家就达 20 多个，年均进口量超过 100 万吨的国家就有 12 个。根据进口数量划分，意大利、巴西、日本和埃及小麦进口量都在 600 万吨左右，韩国进口量近几年保持在 400 万吨左右，菲律宾、印度尼西亚、巴基斯坦进口量也在 300 万吨左右，是世界主要的小麦进口国。2018 年，印度尼西亚、埃及、巴西、阿尔及利亚和日本进口占比约 25%。其中印度尼西亚进口小麦总量达到 1 250 万吨，超过埃及成为全球最大小麦进口国，主要原因是印度尼西亚政府禁止进口玉米，小麦进口对玉米形成替代效应。

第四节　世界玉米生产区位分布与贸易

一、世界玉米生产的区位分布

世界玉米种植面积占世界粮食作物的 1/5，产量占 3/4。世界畜牧业的发展对玉米作为精饲料的需求极大增加，随着玉米品种的更新，世界玉米单产增长速度非常快，需求的增加使得世界种植面迅速扩大，世界总产量迅速提高。2018～2019 年，世界玉米产量为 109 961 万吨。世界玉米生产主要分布在北美，约占世界产量的 1/2 以上，其次是亚洲，约占世界产量的 1/5，欧洲约占世界产量的 1/7。从世界玉米具体分布来看，三大玉米带集中了世界玉米产量的 4/5，分别是美国中部玉米带，产量占世界的 2/5；中国的华北平原、东北平原、关中平原以及四川盆地，玉米产量占世界 1/6 以上；欧洲南部平原包括法国、意大利、南斯拉夫、罗马尼亚，产量约占世界 1/8。

二、世界玉米的贸易状况

世界玉米贸易主要集中在少数国家，贸易量逐年上升，主要输出到用玉米作为精饲料的国家。全球玉米贸易量仅次于小麦，居农产品贸易的第 2 位，占世界农产品贸易总量的 1/4 以上。1991～2010 年，世界玉米出口由 59 亿美元上涨到 238.8 亿美元，玉米出口年均增长 7.6%。2017/2018 年度全球玉米总出口量为 1.48 亿吨。

　　分国别来看，世界玉米主要出口国包括美国、中国、阿根廷、巴西和南非，这些国家既是玉米主产国家也是玉米出口大国。美国年出口玉米在 5 000 万吨以上，最高年份占全球玉米贸易总量的 70%。其他主要出口国中，中国常年保持在 600 万～900 万吨的水平，阿根廷玉米出口常年保持在 600 万～800 万吨，南非玉米出口常年保持在 150 万～180 万吨，巴西出口极不稳定，多时可出口 600 多万吨，少时不足 100 万吨。南非玉米出口常年保持在 150 万～180 万吨左右。

　　世界玉米主要进口国：日本玉米常年进口约 1 500 万～1 600 万吨，主要来自美国；韩国玉米常年进口 800 万吨左右，主要来自中国；马来西亚和印度尼西亚等东南亚国家玉米常年进口约 300 万～400 万吨；欧盟 15 国玉米常年进口约 250 万吨；墨西哥玉米常年进口约 400 万～500 万吨；加拿大玉米常年进口约 300 万～500 万吨。

第五节　世界水稻生产区位分布与贸易

　　水稻种植面积占世界粮食种植面积的 1/5，产量占 1/4，贸易量仅占世界粮食贸易的 6% 左右。水稻是亚洲人的主要粮食，2019 年世界稻谷总产量 7.13 亿吨，其中亚洲产量占 70%。主要生产国中，中国占比 29.4%、印度占比 23.6%、印度尼西亚占比 7.3%，越南占比 5.7%、泰国占比 3.7%，其他生产水稻的国家还有日本、巴西、美国、缅甸等。作为亚洲主要粮食作物，水稻生产大国人口稠密，粮食消费量较大，更多供自己消费，因此，水稻贸易在世界粮食作物贸易中占比较低，2019 年全球稻谷进口量约 6 000 万吨，占总产量的比重较小。世界水稻主要出口国为泰国、美国、越南、印度、巴基斯坦、澳大利亚等，这些国家占大米出口总量的 3/4 以上。世界主要的稻米进口国有日本、尼日利亚、沙特阿拉伯、伊朗等。

第六节 小 结

本章首先概括分析世界农业生产发展基本状况，指出世界农业发展不平衡；畜牧业的发展状况和人均畜产品占有量已成为衡量一个国家农业发展程度的重要标志；农业产值增大，地位下降。其次概括分析世界粮食生产区位分布及贸易，指出世界粮食生产发展不平衡。世界粮食产量增加，贸易量也在增加，但不稳定。最后进一步分析世界主要粮食作物中小麦、玉米和水稻的生产区位分布及贸易，指出世界小麦生产分布高度集中；世界小麦供需矛盾依然存在；世界小麦交易范围广、交易量大、参与国家多、出口国比较集中，进口国比较分散，贸易量相对稳定。世界玉米贸易主要集中在少数国家，贸易量逐年上升，主要输出用玉米作为精饲料的国家。水稻产量大但在世界粮食贸易中占比较少。

本章阅读资料

经济大豆生产区位分布及贸易

经济作物主要有大豆、棉花、甘蔗、茶、咖啡、可可等。大豆作为世界重要的油料作物以及动物饲料，在世界经济作物中占有重要位置。目前世界大豆的主要生产国是美国、巴西、阿根廷以及巴拉圭。2013/2014 年度世界大豆产量为 2.819 亿吨，美国、巴西、阿根廷，占世界比重总和为 90% 左右；2014/2015 年度三大国家的大豆总产量为 2.631 亿吨；2018~2019 年世界大豆产量为 3.59 亿吨，三国占比 81.6%。

世界大豆出口国非常集中。全球大豆主要的出口国为美国、巴西、阿根廷及巴拉圭。2012/2013 年度全球三大出口国美国、阿根廷和巴西的大豆出口量为 8 590 万吨；2012/2013 年度全球三大出口国美国、阿根廷和巴西的大豆出口量为 8 590 万吨；2014/2015 年度全球三大出口国美国、阿根廷和巴西大豆出口量为 1.044 亿吨；2018~2019 年度全球三大出口国美国、阿根廷和巴西大豆出口量占比 97.2%。其中美国出口总量增加，但是占世界大豆出口量下降。美国大豆出口 20 世纪 90 年代占世界大豆出口比重的 65% 左右，2019 年该比重下降到 40% 左右。巴西、阿根廷绝对大豆出口量及所占比重不断提高，巴西大豆出口 20 世纪 90 年代占世界大豆出口比重的 20% 左右，2019 年该比重上升到 50% 左右；阿根廷大豆出口 20 世纪 90 年代占世界大豆出口比重的 2% 左右，2019 年该比重上升到 6% 左右。巴拉圭占世界比重较低但比较稳定。

世界大豆主要的进口国是中国，中国大豆对外依存度超过八成，购买了世界六成的大豆贸易量。2013 年中国大豆进口量为 6 338 万吨，进口大豆已占国内供给总量的 80%。中国 2014 年进口大豆 7 140 万吨，同期国内大豆产量只有 1 200 多万吨。中国 2015 年全年的大豆进口量达到创纪录的 8 169 万吨。2016 年全年大豆进口量 8 391 万吨。2017 年全年大豆进口量 9 553 万吨。2018 年全年大豆进口量 8 804 万吨。2019 年全年大豆进口量 8 851 万吨。2020 年全年大豆进口量 10 032 万吨。数据来源：国家统计局、海关总署。中国大豆对外贸易依赖程度已经很深，尤其是以巴西和美国为主。

第八章　世界石油储藏分布与贸易

　　世界能源消费与经济发展水平紧密相关，能源平均消费量高的国家，工业化水平及经济发展水平均较高，相应地，能源平均消费量低的国家，工业化和经济发展水平也比较低。发展中国家人均能源消费量不但小于发达国家，同时也小于世界平均水平。以 1994 年为例，世界平均能源消费折合石油 1 395 公斤，同年美国人均能源耗费 7 156 公斤，俄罗斯人均能源耗费 5 156 公斤、德国人均能源耗费 4 123 公斤、英国人均能源耗费 3 780 公斤、法国人均能源耗费 3 803 公斤、加拿大人均能源耗费 7 675 公斤、日本人均能源耗费 3 134 公斤、印度人均能源耗费 245 公斤、巴西人均能源耗费 567 公斤、中国人均能源耗费 700 公斤。能源与经济之间联系紧密，因此，能源对经济发展有着一定的制约作用，20 世纪 70 年代的石油危机引发了发达国家国民生产总值普遍下降。

　　世界能源的生产和消费数量越来越大，且增长迅速。世界能源的总消费量和人均消费量一直处于持续增长的态势。1850 年、1950 年、1980 年、1988 年、1998 年，世界能源耗量分别为 1 亿吨、25 亿吨、70 亿吨、100 亿吨、121 亿吨，人均能源消费由 115 公斤增长到 2 000 公斤标准燃料。从世界能源消费结构变化趋势来看，由初期木材到煤炭再到石油，煤炭在能源消费结构中的比重自 20 世纪 60 年代基本呈下降趋势。石油自 20 世纪 60 年代达到顶峰，占能源总量的 70%，在目前的能源消费结构中，石油依然是主要消费的能源。石油作为一种不可再生的能源，世界对其的需求是无限的，但是石油的供给是有限的，能源的有限供给与无限需求之间的矛盾是世界经济动荡不安的重要因素。

第一节　世界石油的储藏分布

　　从世界石油探明储量来看，北半球远远高于南半球，世界 96% 的石油储藏在北半球，南半球只有 4% 的份额，主要分布在北纬 24°~42°。东半球远远高于西半球，二战后石油大发现主要集中在东半球，约占 80%，里海区域石油的探明更是增加了东半球的石油储量，因此，世界石油储藏主要分布在东半球的北部，地区分布不平衡：目前分布在亚非拉的石油储藏占世界的 70%，尤其是波斯湾，占世界石油储量的 1/2 以上。目前石油勘探开发主要在海洋区域，全世界大约有 40 多个国家在大陆架上开采石油，海上石油占世界石油的 42%。具体来看，世界石油集中分布在以下几个区域。

一、西亚的阿拉伯—伊朗石油沉积盆地

西亚的石油，也称为中东的石油，也称为海湾的石油。① 中东战争频发，动荡不安，诱发战争的因素有两个：一是石油储藏多，二是淡水资源少。西亚有两条内流河流，幼发拉底河和底格里斯河，这是西亚生命的摇篮，河流流经很多国家，处于上游的国家修建水坝和水电站拦截河水，处于下游的国家无水可用，由于分水不均，常会引发矛盾和冲突。另外就是丰富的石油储藏引发世界各种势力的觊觎和插手，使西亚地区动荡不安。

西亚石油储藏的第一个特点就是储量很大。西亚绝大部分国家都有，98% 集中在波斯湾及其周围约 100 万平方千米的范围之内，总储量约 900 亿吨，号称世界油极的阿拉伯—伊朗石油沉积盆地，占当时世界探明储量的 66% 以上，按当时的年开采量计，可开采 100 年，而世界平均可开采年限只有 21 年，主要的石油储藏国为沙特、伊拉克、阿联酋、科威特、伊朗。西亚石油储藏的第二个特点就是油田规模大，为高效率、低成本、长期稳定生产提供了优越条件。区内储量 900 亿吨，只有 160 多个油田，油田平均储量 5.7 亿吨，是亚非拉其他国家油田的 10 倍，是美国油田的 1 000 倍；巨型油田 27 个，储量大于 6.8 亿吨，占全区石油总储量的 75%，其中科威特的布尔干油田、沙特的加瓦尔油田，累计储量 100 亿吨。西亚石油储藏的第三个特点就是好开采、好运输。西亚石油资源储藏的地质条件好，地质构造以穹窿结构为主，使得石油非常好开采，区内 83% 为自喷井，而且长时间保持旺盛的喷油能力。科威特、沙特境内 100% 为自喷井，伊拉克境内 99% 为自喷井，石油开采成本非常低。西亚石油绝大多数分布在波斯湾的海上或陆上，距离油

---

① 这种是比较流行的说法，地理意义上的西亚、海湾、中东是有一些区别的。

港最远不超过 100 千米，外运十分方便。该区域气候条件好，终年清朗干燥、平坦、海域水浅且风暴罕见。比英国的北海油田，美国的阿拉斯加开采条件好很多。西亚石油储藏的第四个特点就是油质好。西亚石油以中轻质油为主，含蜡少，−20 摄氏度不结冰，经济价值很高。

二、俄罗斯的石油

俄罗斯石油及天然气主要分布在伏尔加—乌拉尔地区、西西伯利亚地区、东西伯利亚北部地区。目前主要在北部地区开采，其藏量难以预计。其中伏尔加—乌拉尔地区区域的储油面积为 70 万平方千米。西西伯利亚地区的储油面积为 150 万平方千米，远景石油储量 240 亿吨，天然气 48.5 万亿立方米。目前俄罗斯油气已探明储量分别为 108 亿吨和 43.3 万亿立方米，占世界总储量的 13% 和 35%。石油储量位居世界第一，天然气储量居世界第一。2012 年俄罗斯石油开采量为 5.18 亿吨，俄罗斯原油日产量 1 037 万桶，超过沙特的 947 万桶，成为全球最大石油生产国。2013 年俄罗斯全年石油和凝析气开采量约为 5.23 亿吨。由于俄罗斯对欧佩克 + 减产协议的执行，2020 年俄罗斯原油和凝析油产量同比减少 8.6%，降至 5.13 亿吨，2020 年俄罗斯原油产量为 1 027 万桶/日，凝析油产量约 90 万桶/日，计划到 2022 年 5 月将恢复 1 050 万桶/日的产量，并在未来将原油产量提高到 1 150 万桶/日。俄罗斯拥有大量未开发页岩资源，这使得该国的石油产量具有较大的提升空间。据俄地质矿产署评估，2025 年俄原油产量将达 5 200 万吨，东西伯利亚的石油产量占俄石油总产量比重将从 2012 年的 6.7% 提高至 16%，大陆架石油产量仅占 3.5%①。近年来，在俄罗斯石油储藏勘探过程中，里海石油的探明对俄罗斯石油储藏影响深刻，里海石油是亚洲仅次于西亚石油的重要石油储藏地，随着里海石油探明量的不断增加，俄罗斯石油资源储藏和开采也会显著变化。

三、加勒比海石油

1922 年，英国壳牌石油公司的油井发生井喷，10 天将周围土地变成油

---

① 目前西西伯利亚大多数老油田生产能力平均每年下降 6% 或更多，俄罗斯石油工业需大量投资以阻止老油田产量下降的趋势，同时要保证新油田产量的稳步上升。

田，于是外资进入该地区，油气开发规模扩大，1927～1960年，加勒比海区域石油产量居世界第二，经过长期开采，石油储量减少，产量慢慢降低。1992年探明储量85.8亿吨，主要分布在委内瑞拉的马拉开坡盆地，著名的马拉开泊湖石油储量57亿吨，委内瑞拉已探明石油储量730亿桶，居世界第六；年产原油1亿吨，产量居世界第八；天然气储量43亿立方米，居世界第七；出口产品大部分为燃料。加勒比海石油储藏特点是西部地区储量大，约占80%的份额，主要以重油、中级油为主，经济价值较低；东部地区储量少，约占20%的份额，但主要以轻质油多，经济价值较高。加勒比海区域的石油在世界石油供给历史发展中曾经占据非常重要的地位，但是目前由于储量的减少在世界石油供给中重要性不断减弱。

四、美国的石油

一方面，美国石油资源变化很大，历史上美国石油产量很高，常年石油产量位居世界前列，长期的开采使得美国石油资源不断减少。另一方面，美国石油消费量很大，无论是人均能源耗费还是总能源耗费均位居世界前列。因此，石油资源储量的减少和消费量的不断增加使得美国石油每年进口量不断增加，最高的年份是2005年，美国石油净进口量占其需求的比例上升至60%，美国石油产品的进口量超过出口近9亿桶。2005年以后随着页岩气油气技术的新发展，页岩油产量爆发式增长使得美国石油产量增速强劲，石油供需差额稳步缩减，到2010年，美国原油市场供需矛盾明显减少，2012年，美国国内原油生产已经能够满足国内83%的能源需求。2013年，美国石油产量继续保持增长，包括原油、凝析油、天然气液、生物燃料以及炼油增量等各类液烃在内的石油总供应量约1 210万桶/日，超过沙特阿拉伯成为最大石油生产国，其中，页岩原油/凝析油产量达到250万桶/日，约占原油/凝析油总产量的1/3；页岩天然气液产量增加30万桶/日，达到120万桶/日。页岩气产量占天然气总产量的比重由2010年的20%提高至2013年的40%。2019年，美国原油产量为1 224.8万桶/天，2020年，美国原油产量达到1 130.76万桶/天。美国能源实现完全自给，成为能源净出口国。

五、北海油田

北海属于大西洋的边缘海，位于大不列颠岛和欧洲大陆之间，在海上油田储量排名中仅次于波斯湾和马拉开波、里海的海上油田。英国、挪威是北海油田主要的开采国，北海油田的储量大部分位于英国，石油储量约 50 多亿吨，挪威所占份额约 13 亿吨，由于开采时间较长，已经基本开采殆尽。目前主要是英国在北海开采石油。这个油田对石油匮乏的欧洲意义重大。

六、非洲的石油

非洲石油主要以西非几内亚湾的石油贮藏为主，在主要石油开采国家方面，非洲共有 20 个产油国，其中尼日利亚、阿尔及利亚、安哥拉、埃及和利比亚 5 国的产量约占非洲石油总产量的 85%。其中尼日利亚年产原油 1 亿吨，是非洲第一产油大国，石油收入占其财政收入的 75% 和外汇收入的 95%。非洲石油虽然替代不了中东原油，但非洲石油开发潜力很大。非洲地区不仅有丰富的、已发现而未开采的油气资源，同时还具备发现世界级新油气田的巨大潜力。非洲石油含硫量低、油质好、开采成本较低、投资回报率较高。全球各大石油公司①正加紧开发非洲油气资源，非洲国家石油领域的国际合作正在深化，海上和陆上石油勘探程度逐步加深，探明储量不断增加。非洲石油产量进入了快速增长阶段。海陆石油开发并举，勘探开发步伐加快。

第二节 世界石油贸易与运输

一、世界石油贸易

石油贸易量非常大，以原油为主，约占世界石油贸易的 80% 左右，油品为辅，约占世界石油贸易的 20% 左右。全世界 130 多个国家需要进口石油，能够不同程度出口石油的国家有 30 多个，储油区分布在发展中国家，冶炼和消费分布在发达国家，因此，世界石油的 50% 必须经过贸易这个环节。由于世界石油分布在亚洲、非洲、拉丁美洲等经济欠发达的国家，工业基础较差，故以原油出口为主，而进口国经过加工、冶炼，很大一部分供自己消费掉，

---

① 目前活跃于非洲石油市场的公司包括壳牌、埃克森—美孚公司、英国 BP 公司、道达尔—菲那—埃尔夫公司、谢夫隆—德士古公司。

所以相应的石油产品的出口较少。石油的集中分布和分散需求使得石油贸易网络地域非常广，石油贸易运输的距离非常长。

　　世界石油主要出口区有西亚、俄罗斯、非洲、拉丁美洲、东南亚。世界石油主要进口区有中国、西欧、美国、日本。中东是世界第一出口大区，出口数量占世界的比重约为 50% 以上，中东石油出口对象中，中美①日三国进口占中东石油出口量的 40% 以上，其中，日本进口占比最多，中国进口数量持续上升。世界第二大石油出口区是非洲，非洲石油出口占世界石油出口 20% 的份额，非洲石油出口对象主要是欧洲、美国以及新兴的发展中国家。拉丁美洲是世界第三大石油出口区，出口份额约占世界的 10%，主要出口国是委内瑞拉，日产原油 300 万桶，拉丁美洲石油主要出口对象是北美以及亚洲部分国家。俄罗斯是世界重要的石油出口国家，主要出口欧洲、日本、中国。东南亚也是世界石油的出口区域，但占世界石油出口份额较少，主要出口国是印度尼西亚，进口国为中国和日本。

二、世界石油贸易主要的运输路径

　　世界石油的主要消费国是西方和太平洋沿岸的工业化国家，而产油区主要集中在中东、里海、南美和西非这几个欠发达的地区，这种格局必然导致石油贸易运输路径遥远。② 世界石油运输包括海运和油管运输。管道输送方式通常适用于内陆石油贸易，且可以弥补油轮运输的某些缺陷。对于友好国家之间的石油贸易，这种优势更加明显，因为政治、军事等方面的负面影响很小或不存在，例如，美国和加拿大之间的石油贸易可谓畅通无阻。油管运输方便快捷但是受各种因素限制较多，世界石油运输中油轮运输占比超过 60% 的份额，尤其以远洋油轮运输为主。因此，世界石油贸易运输路径也主要以远洋油轮运输路径为主。油轮运输方式具有成本低、效率高和灵活度大等优点，但易受外界因素干扰。海上石油运输一般按照某条固定的航线进行，世界海上石油的贸易运输路径主要有以下几条。

　　第一，从波斯湾出发经过阿拉伯海，沿着非洲东海岸，越过莫桑比克海峡，绕过好望角沿着非洲西海岸到达西欧和美国，这是一条世界级的远程石油

---

① 美国未采用页岩油开采新技术之前，石油对外依存度很高。
② 陆如泉、傅阳朝：《影响全球石油贸易的七大运输"咽喉"》，载《国际石油经济》2003 年第 8 期。

运输路径，欧洲进口石油的 70% 和美国进口石油的 50% 都是沿此路线行进。

第二，从波斯湾出发向东经印度洋，越过马六甲海峡或者望加锡海峡和龙目海峡到太平洋沿岸的国家，这条运输路径是亚洲环太平洋国家石油进口的重要线路。日本进口石油的 80% 都是走这条运输路径，同时也是中国从中东进口石油的运输路径。

第三，从波斯湾出发，经过苏伊士运河，经过地中海到达西欧、北美。1967 年之前，中东 50% 的石油是经过苏伊士运河运输到欧洲北美，后来因为政治原因，苏伊士运河关闭，油轮探寻好望角新航线，油轮吨位级不断增加，巨型油轮出现。到 1975 年苏伊士运河重新开通时，因为过境费高，深度不够，巨型油轮不能通过，埃及政府将运河深度由 8 米拓深到 20 米，宽度由 60 米拓宽到 300 米和 365 米，25 万吨位级油轮满载时可以通过，56 万吨位级巨轮空载时可以通过。这条航线也是为欧洲和美国运输石油的重要航线，但是与绕过好望角航线相比却可以节省里程和时间，更可以避免海上风暴。

石油贸易运输路径除这些远程运输航线以外，还有从拉丁美洲到北美洲的石油运输航线、印度尼西亚到日本的石油运输航线，这些航线相比前三条航线距离较短。

三、世界石油海上运输的咽喉要道

世界石油贸易中经常会遇到地理运输上的咽喉要道，即狭窄的水道，咽喉要道的石油运输量特别巨大，油轮在通过这些狭窄通道时易遭遇海盗袭击和撞船事故以及道路封锁。

（一）霍尔木兹海峡

霍尔木兹海峡是波斯湾的出口，川流不息的巨型油轮通过该海峡后，分三条航道将石油源源不断地送到消费国家和地区，如果霍尔木兹海峡因突发事件而被封锁，那油轮就将绕行更长距离的航线或其他替代路线才能到达目的地。这些替代路线①是指穿越沙特阿拉伯抵达红海的延布（Yanbu）港的"东–西"石油管线和液化天然气管线。

---

① 穿越沙特阿拉伯的伊拉克管线，将石油向北泵送到土耳其的杰伊汉港，但该管线因 1990 年海湾战争被关闭，直到现在还未重新开启，目前还无法使用。终端为黎巴嫩的泛阿拉伯管道（Tapline）也可作为替代路线，但该管线目前也处于关闭状态。

（二）曼德海峡

曼德海峡位于阿拉伯半岛西南端与非洲大陆之间，该海峡呈西北－东南走向，曼德海峡长 18 千米，宽 25～32 千米，是连通地中海、红海和印度洋的咽喉，已成为太平洋、印度洋和大西洋三大洋的海上交通要道。如果曼德海峡被封锁，那将阻止来自波斯湾（即阿拉伯湾）的油轮直接抵达中转站——苏伊士运河/萨米德管线（这将使苏伊士运河的作用降低 90%），从而迫使它们绕经非洲最南端的好望角才能到达目的地。

（三）博斯普鲁斯海峡

博斯普鲁斯海峡又称伊斯坦布尔海峡，它北连黑海，南通马尔马拉海和地中海，把土耳其分隔成亚洲和欧洲两部分。海峡全长 30.4 千米，最宽处为 3.4 千米，最窄处 708 米，最深处为 120 米，最浅处只有 27.5 米。博斯普鲁斯海峡是沟通欧亚两洲的交通要道，也是黑海沿岸国家出外海的第一道关口，地理位置尤具战略意义。该海峡虽然最狭窄之处仅有 708 米，但却是世界上最为繁忙的海峡之一，每年大约有 5 万艘船只通过，包括 5 500 艘左右的油轮，从而使其成为世界上最难航行的咽喉水道。[①]

（四）巴拿马运河

巴拿马运河位于美洲巴拿马共和国的中部，连接位于太平洋的巴拿马城和位于加勒比海的科隆市巴拿马港，是连通太平洋和大西洋的重要航运要道。巴拿马运河全长 81.3 千米，水深 13～15 米不等，河宽 150～304 米，整个运河的水位高出两大洋 26 米，设有 6 座船闸。巴拿马运河最大可以通过 5 万吨级的巴拿马型油轮。[②] 如果运河航运中断，油轮只有绕行麦哲伦海峡，这样航程至少要增加 5 000 千米。

（五）苏伊士运河

苏伊士运河位于埃及境内，扼欧、亚、非三洲交通要道，沟通红海与地

---

① 根据 1936 年瑞士蒙特勒（Montreux）大会的规定，商业船只在和平时期有权自由通过博斯普鲁斯海峡，但土耳其政府出于安全和环境的考虑而常常对过往的船只进行种种限制。

② 总的来说，美国石油进口对巴拿马运河的依赖程度已大大降低，但是运河的军事战略价值极高。

中海，将大西洋、地中海与印度洋联结起来。运河全长 175 千米，河面平均
宽度为 135 米，深度为 22.5 米。苏伊士运河大大缩短了东西方航程。与绕道
非洲好望角相比，从欧洲大西洋沿岸各国到印度洋缩短 5 500 ~ 8 009 千米；
从地中海各国到印度洋缩短 8 000 ~ 10 000 千米。[①]

（六）马六甲海峡

马六甲海峡是连接印度洋和南中国海及太平洋的一条狭窄水道，全长约
1 080 千米，是太平洋和印度洋之间的重要海运通道。海峡的东南出口处就是
新加坡。马六甲海峡是亚洲最重要的咽喉水道，每年有超过 5 万艘船只通过
该海峡。它西宽东窄，多岛礁、浅滩，战时极易被封锁。最狭窄处是位于新
加坡海峡的菲利普斯水道，宽仅 2.4 千米，形成了一个天然的瓶颈。如果马
六甲海峡遭封锁，那世界上将有近 1/2 的船队不得不绕行更长的航程，经过
龙目海峡或者望加锡海峡，从而导致航运效率降低，马六甲海峡是我国进口
中东、非洲和亚太地区原油必经的航道。

第三节 小 结

第一，本章对能源发展进行概括论述，世界能源结构主要以石油为主，
世界能源消费与经济发展水平紧密相关。世界能源的生产和消费数量越来越
大且增长迅速。第二，分析世界石油资源集中分布区位，即西亚的阿拉伯——
伊朗石油沉积盆地、俄罗斯的石油、加勒比海的石油、美国的石油、北海油
田、非洲的石油，进一步分析不同区域石油的储藏特点。第三，对世界石油
贸易状况进行分析，石油贸易量非常大，以原油为主、油品为辅；分析世界
石油主要的出口地区、进口地区以及在世界石油贸易的所占比重。第四，分
析世界石油贸易主要的运输路径；从波斯湾出发经过阿拉伯海，沿着非洲东
海岸，越过莫桑比克海峡，绕过好望角沿着非洲西海岸到达西欧和美国；从
波斯湾出发向东经印度洋，越过马六甲海峡或者望加锡海峡和龙目海峡到达
太平洋沿岸的国家；从波斯湾出发，经过苏伊士运河，经过地中海到达西欧
和北美；南美到北美航线；印度尼西亚到日本航线。第五，石油运输经常要

---

① 刘雪飞：《海上石油运输通道国际安全制度之构建》，中国海洋大学硕士论文，2006 年。

经过地理意义上的咽喉要道，包括霍尔木兹海峡、曼德海峡、博斯普鲁斯海峡、巴拿马运河、苏伊士运河、马六甲海峡，分析这些咽喉要道的基本状况以及替代路线。

阅读资料

世界煤炭储藏分布

从18世纪到20世纪60年代，煤炭一直是黑色的金子，地球含煤底层面积占陆地面积的15%，地质储量200万吨/平方千米，探明储量北半球远远大于南半球。高度集中在亚洲、北美和欧洲的中纬度地区，占世界探明储量的96%。北半球有两大主要煤藏带，一是亚欧大陆煤田带；二是北美洲的中部煤藏带。南半球目前探明煤炭储量资源贫乏，含煤率低，仅澳大利亚和博茨瓦纳发现有较大煤田。1860～1913年，是世界煤炭生产大发展时期，在英国英格兰的中部、德国的鲁尔区、美国的阿巴拉契亚区、沙俄时期的乌克兰等地，形成以煤炭工业为基础的大工业基地。1914～1950年，世界煤炭稳定增长时期，占世界能源消费的62.3%。1951～1974年，世界煤炭生产萧条期，主要由于石油开发和煤炭开采条件恶化。1974～1990年，转为缓慢增长时期。2000年以后，随着世界石油价格的上升，煤炭生产得到较好的发展，主要国家有中国、印度、澳大利亚、南非。以采煤为中心，进行工业的成组布局，形成大型综合型工业基地，煤炭、选煤、焦化、火电、钢铁、建材、矿区经济实现了综合发展。

世界煤炭贸易

世界煤炭多内销，贸易量占总产量的10%。主要的出口国家和地区是澳大利亚（30%）、南非（10%）、印度尼西亚（10%）、中国（10%）、美国（10%），俄罗斯、加拿大、波兰。主要的进口国家和地区是日本（24%）、韩国（10%）、英国、德国、西班牙、荷兰、意大利、印度、中国台湾地区等。其中澳大利亚煤炭总储量6 560亿吨，煤质好、易开采，煤炭产量的1/2供出口，出口占澳出口总值的11%，主要销往日本、西欧。美国煤炭资源丰富，出口对象为西欧、日本、韩国。美国煤炭生产长期处于不稳定和衰退状态，主要的煤田：东部阿巴拉契亚煤田是目前开采的集中区，产量占全国的1/2，以焦煤为主。中央煤田，密西西比河中游的内陆煤田，储量大，质地较差；西部煤田，储量占全国的1/2，含硫低，煤层厚，便于露天开采。

第九章　世界钢铁工业生产发展与贸易

第一节　世界钢铁工业生产发展

世界钢铁工业发展历史悠久，是传统的产业部门。从时间结构来看，钢铁工业在发展过程中，二战前发展缓慢，生产集中分布在美国、西欧以及原苏联，三个区域钢铁产品生产量为1.1亿吨，占全球份额的80%以上。20世纪50~70年代，世界钢产量迅猛增长，主要原因如下。首先，二战后世界不同类型的国家进行产业结构的调整，发展中国家加速工业化进程，由工业向重工业方向发展，钢铁产品的需求增加，产量增加；二战后战败国恢复经济，钢产品需求增加，大力发展钢铁产业；西方老牌钢铁生产大国要维持其钢铁生产的世界垄断地位，以美国为代表的钢产量稳步增长。其次，二战后随着世界石油地理大发现，一段时间国际上原料价格便宜，铁矿石等原材料在当时世界市场上供给充足而价格低廉，使得资源贫乏的国家钢铁工业迅速发展，典型的国家以日本为代表钢产量迅猛增加。最后，钢铁行业新技术的应用，如劲吹转炉炼钢技术的发展，使得钢产品产量大幅度提高。这种增长状况持续到20世纪70年代末，世界钢产量达到7亿吨之后，增速减缓，长期徘徊在7亿吨左右，直到2000年世界粗钢产量也才近乎8亿吨，与1979年产量相比20年时间增幅不大。21世纪以来，世界钢铁行业的发展势头迅猛，钢产量增长迅速，这一段时间世界钢产量迅猛增长的主要原因是中国钢铁行业迅猛发展，中国钢铁企业数量增加、产出能力加强，粗钢产量占世界总产量的1/2左右。同时，世界其他发展中国家钢产量的增长也是促进世界钢产量迅猛发展的原因。世界粗钢产量发展变化如表9-1所示。

| 表 9 – 1 | 世界粗钢产量发展变化统计 | 单位：亿吨 |

年份	世界粗钢产量
1950	2
1968	5
1972	6
1979	7
2000	8
2005	11
2006	12
2013	16
2014	17
2015	16
2016	16
2017	17
2018	18
2019	19

资料来源：国际钢铁工业协会。

　　从空间布局结构看，二战前钢铁工业主要是内陆消费地指向型布局，钢铁企业分布主要在内陆，以煤矿区、铁矿区以及煤铁连接点上分布为主。在煤矿区分布的钢铁工业有德国鲁尔煤田区钢铁工业，乌克兰的顿巴斯区煤田区钢铁企业、美国匹兹堡钢铁企业。在铁矿区分布的钢铁工业如法国的洛林钢铁工业中心。在煤铁连接点上分布的钢铁工业如美国五大湖沿岸钢铁企业。二战后，钢铁工业主要以临海消费地布局为主。临海意味着靠近资源地。消费地意味着获得较大消费市场。

第二节　世界钢铁工业生产分布

　　世界钢铁工业主要分布在北美、欧洲及亚洲太平洋沿岸。

　　北美以美国为主，美国发展钢铁工业的有利条件是苏必利尔湖西部沿岸蕴藏有丰富的铁矿，阿巴拉契亚山地有丰富的炼焦煤以及五大湖便利的水运条件，这使得美国发展成为产钢大国、用钢大国，年产量 7 000 万到 1 亿吨不等。美国钢铁工业发展成熟且垄断严重，沿海、沿湖分布比较明显。具体分布在密执安湖南端的芝加哥，伊利湖周围的底特律、克利夫兰、布法罗、匹兹堡及附近的约翰斯顿、杨斯顿和坎顿；太平洋沿岸的巴尔的摩、费城；南部的伯明翰、休斯敦。2019 年北美粗钢产量为 9 670 万吨，同比增长 1.3%。

东欧钢铁工业发展以俄罗斯为主，钢铁企业的布局结构主要以内陆资源地指向型为主，具体包括分布在煤矿区的乌拉尔钢铁工业中心，主产特种钢、优质钢；分布在消费区和铁矿区的中央钢铁工业中心及西西伯利亚钢铁工业基地。2019 年，俄罗斯粗钢产量为 7 160 万吨，比 2018 年下降 0.7%。西欧钢铁工业以德国、法国为代表，法国钢铁行业是法国传统的工业部门，铁矿储量居西欧首位。法国钢铁行业主要分布在洛林钢铁工业中心、占全国产量的 2/5；其次是北部的敦刻尔克和南部里昂，是特种钢的生产地。欧盟 2019 年粗钢产量为 1.594 亿吨，比 2018 年下降 4.9%。德国 2019 年粗钢产量为 3 970 万吨，比 2018 年下降 6.5%。意大利 2019 年产量为 2 320 万吨，比 2018 年下降 5.2%。法国 2019 年粗钢产量为 1 450 万吨，比 2018 年下降 6.1%。西班牙 2019 年粗钢产量为 1 360 万吨，比 2018 年下降 5.2%。

亚洲及太平洋沿岸的钢铁工业代表国为中国和日本。日本钢铁产品的产量和质量及出口竞争能力居世界前列，20 世纪 90 年代，日本钢产量位居世界第一，年产钢铁 1 亿多吨，日本钢铁生产的现代化技术水平高，钢铁生产过程中能耗低、焦比低，劳动生产率、生产技术水平居世界前列。日本钢铁工业分布与太平洋工业带相符，钢铁行业沿河海分布明显，钢铁工业主要分布在阪神、京滨、濑户内海、北九州。2019 年，日本粗钢产量为 9 930 万吨，比 2018 年下降 4.8%。

中国钢铁工业发展状况。中华人民共和国成立后政府一直非常重视钢铁工业的发展。中国钢铁工业在一穷二白的基础上自力更生地发展起来，进入 21 世纪钢铁产量更是迅猛发展。中国发展钢铁工业的资源方面，炼钢所需要的锰矿和炼焦煤资源丰富。国际钢铁工业协会数据显示，在铁矿储藏方面，中国铁矿储藏量超过 500 亿吨，铁矿蕴藏量大但贫矿多，含铁率超过 49% 的富矿仅占 13%，其余是贫矿；其次是共生伴生矿藏多，此类矿产冶炼难度大；有些矿体埋藏深，矿体小难以开发利用。今天中国钢铁产业发展迅速，大部分铁矿来自进口，中国是世界铁矿石进口大国。2019 年，中国进口铁矿石高达 10.69 亿吨。

与铁矿大量进口相对应的是中国钢铁产量迅猛增长，从中华人民共和国成立初期的零基础，到 1996 年中国钢产量首次突破 1 亿吨大关，成为世界钢铁生产大国，这一过程近乎半个世纪。21 世纪以后中国钢铁产量迅猛发展，2013 年中国以 7.79 亿吨的粗钢产量位居世界第一，占全球粗钢产量的 48.5%，产量比日本、美国、俄罗斯、韩国、德国、印度 6 国之和还多。2019 年中国粗钢产量达到 9.963 亿吨，比 2018 年增长 8.3%。中国在全球粗钢产量中所占的份额从 2018 年的 50.9% 增至 2019 年的 53.3%。中国历年粗钢产量如表 9 - 2 所示。

表 9 - 2	中国历年钢铁产量变化统计 　　　单位：亿吨
年份	中国粗钢产量
2000	1.28
2005	3.49
2006	4.19
2007	3.62
2008	5.00
2009	5.68
2010	6.27
2011	6.96
2012	7.16
2013	7.79
2014	8.22
2015	8.04
2016	8.08
2017	8.32
2018	9.28
2019	9.96

资料来源：国际钢铁工业协会。

第三节　世界钢产品贸易

世界钢产品的贸易领域，约 30% 的钢产品要经过贸易这个环节。世界钢产品贸易在地区上以就近供销为主，多为区域集团内贸易，如日本的钢铁销售市场分别为东南亚、中东、欧洲。钢铁产品贸易中，进口国也是出口国。由于钢材的品种、规格、型号、价格多种多样，使得一些国家在出口钢材的同时，也进口钢材。世界钢材贸易的地区比较集中，主要的出口国为中国、日本、德国、比利时、卢森堡、法国、意大利；主要的进口国为中国、美国、德国、法国。近几年全球钢材出口如表 9-3 所示。

表 9-3　　　　　　　　2014～2019 年全球钢材出口量统计　　　　单位：百万吨

年份	钢材出口量
2014	457.4
2015	467.4
2016	476.8
2017	462.9
2018	457.1
2019	437.7

资料来源：国际钢铁工业协会。

2016～2019 年全球钢材出口量逐年减少，2018 年全球钢材出口量为457.1 百万吨，同比减少 1.25%；2019 年全球钢材出口量为437.7 百万吨，同比减少 4.24%。

第四节　世界铁矿石贸易

在铁矿石贸易领域，由于产钢大国铁矿资源匮乏，世界优质铁矿储藏分布集中，因此，世界45% 的铁矿石要经过贸易这个环节，目前世界出口铁矿石的主要国家有巴西、澳大利亚、俄罗斯、加拿大、印度、南非、利比里亚、瑞典，其中世界铁矿石出口的典型代表是巴西和澳大利亚。巴西铁矿的特点是储量大、品位高，目前探明储量为 319 亿吨，北部的卡拉亚斯区是世界最大铁矿区，铁矿储量约 180 亿吨，号称铁山，含铁率高达 66%～68%；伊塔比拉露天铁矿储量 35 亿吨，含铁率 60%～70%，居世界之首。巴西主要的铁矿公司有淡水河谷公司、巴西联合矿物公司、菲尔特科矿业公司、萨马尔库矿业公司等。澳大利亚铁矿储藏特点是储量大、品位高，探明储量 350 亿吨，铁矿石4/5 用来出口，占世界铁矿石贸易的36%，居世界第一位。其铁矿石含磷低、含铁高，有 200 多亿吨超过 50% 的含铁率，最高的可达到 56% ~ 60% 的含铁率。澳大利亚的铁矿埋藏浅、易开采。澳大利亚主要的矿业公司有必和必拓（BHP）铁矿公司、哈默斯利铁矿有限公司、罗布和铁矿联合公司。

　　世界铁矿主要的进口国为中国、日本、德国、美国。过去日本是世界铁矿进口大国，占世界总贸易量的 1/3，日本铁矿的 99.97%、焦炭的 95.4%、锰矿的 95.8% 靠进口。目前，世界铁矿进口最大的国家是中国。中国铁矿进口发展变化如表 9 - 4 所示。

表 9 - 4　　　　　　　　　中国铁矿进口发展变化　　　　　　单位：亿吨

年份	中国铁矿进口量
2005	2.75
2006	3.26
2007	3.55
2008	4.44
2009	6.28
2010	6.19
2011	6.86
2012	7.44
2013	8.19
2014	9.33
2015	9.53
2016	9.39
2017	10.75
2018	10.38
2019	10.69

　　资料来源：国际钢铁工业协会。

第五节　小　结

　　首先，本章分析世界钢铁工业生产发展基本状况，指出 20 世纪 50 ~ 70 年代，世界钢产量迅猛增长，主要原因是二战后世界不同类型的国家进行产业结构的调整，钢铁产品的需求增加、产量增加；国际上原料价格便宜使得资源贫乏的国家钢铁工业迅速发展；钢铁行业新技术的应用使得钢产品产量大幅度提高。这种增长状况持续到 20 世纪 70 年代末，世界钢产量达到 7 亿吨之后，增速减缓，直到 2000 年，世界粗钢产量也才近乎 8 亿吨。21 世纪以来世界钢铁行业发展势头迅猛，钢产量增长迅速，主要原因是发展中国家钢铁行业迅猛，尤其是中国钢铁工业迅猛发展，粗钢产量占世界总产量的 1/2 左右。世界钢铁工业在发展过程中，空间布局结构也从过去主要的内陆资源地指向型布局转变为目前的临海消费地布局。其次，分析世界钢铁工业的地理区位分布，世界钢铁工业主要分布在北美、欧洲及亚洲太平洋沿岸。重点分析美国、东欧、西欧、日本、中国钢铁工业的区位分布及发展特点。再次，分析世界钢产品贸易，世界钢产品贸易量占产量比重约 30%，世界钢产品贸易在地区上以就近供销为主，多为区域集团内贸易。钢铁产品贸易中，进口国也是出口国。世界钢材贸易的地区比较集中。最后，分析世界铁矿石的贸易，在铁矿石贸易领域，由于产钢大国铁矿资源匮乏，世界优质铁矿储藏分布集中，因此，世界 45% 的铁矿要经过贸易这个环节。重点分析主要铁矿石出口国巴西、澳大利亚矿产的特点。分析世界铁矿石主要的进口国中国的进口状况。

本章阅读资料

世界钢铁行业的垄断竞争

自 20 世纪 90 年代以来，由于钢铁消费强度减弱，发达国家钢材市场供大于求的矛盾日益凸显。外部竞争环境促使传统强势企业寻求从对立竞争逐步转向争取合作垄断竞争，欧洲、美国、日本、韩国等主要钢铁产区进行了大规模行业整合，钢铁产业集中度明显提高。[①]

欧洲：20 世纪末至 21 世纪初，欧洲钢铁业兼并重组呈加速趋势。自蒂森·克虏伯公司、克虏斯（Corus）公司、阿塞勒（Arcelor）公司、安塞乐米塔尔等公司合并成立以来，欧洲钢铁企业产业集中度显著提高。2007 年，欧盟四大钢铁公司的产量合计为 1.6 亿吨，相当于欧盟 15 国总产量的 91%。

美国：美国钢铁企业的并购重组落后于欧洲企业。但在全球钢铁企业竞争日趋激烈的压力下，21 世纪初由于美国钢铁工业的结构老化和劳动力成本

[①] 景译萱：《借鉴发达国家的发展经验对我国钢铁工业的启示》，载《商》2014 年第 1 期。

高等问题，导致其钢铁工业处于困境，促使美国钢铁企业联合重组步伐加快。2007 年，美国最大的四家钢铁公司产量合计占美国总产量的 53%。

日本：二战后日本原有 50 多家钢铁企业，经过几轮的兼并、联合，调整为以新日铁、日本钢管公司（NKK）、川崎、住友金属和神户五大联合企业为主的格局。近 20 年以来，这五大钢铁公司已经初步形成两大集团的框架。列日本钢铁业第二、第三的 NKK 和川崎制铁公司于 2002 年合并组建了 JFE 控股公司。2007 年，日本最大的四家钢铁公司合计产量为 8 987 万吨，占日本总产量的 75%。2012 年，新日铁公司与住友金属合并成立新日铁住金，产能超过 4 000 万吨。至此，四家钢铁龙头产能超过全国产能的 80%。

韩国：韩国钢铁产业集中度一直比较高。由于政府特殊政策扶持，韩国第一大钢铁公司浦项（POSCO）产量占有绝对优势。在亚洲金融危机之后，韩国的一些钢铁企业进行了重组。2007 年，韩国最大的三家钢铁公司钢产量合计为 4 568 万吨，占韩国总产量的 89%。

第十章　世界电子工业生产发展与贸易

第一节　世界电子工业生产发展

　　世界电子工业发展历史短，但进展迅速。电子工业于1904年兴起，是典型的知识技术密集型产业，从技术发展角度来看，从早期的电子管、晶体管到中小规模集成电路、超大规模集成电路。在世界发达国家及发展程度较好的国家，电子工业成为与石油化工、汽车、房产相当的工业部门，成为国民经济的支柱。例如，美国以电子工业为核心的高技术产业占国民生产总值的30%以上，已超过汽车、建筑等产业对经济增长的贡献率。

　　世界电子工业产品门类复杂。世界电子工业产业结构复杂，目前较详细的分类包括计算机产业、软件产业、通信产业、消费电子产业、集成电路产业、数字内容产业、新型显示器产业等，因此，电子产品门类非常复杂，按传统意义可分为三类，分别是投资类电子产品、消费类电子产品、电子元器件。投资类电子产品以美国等发达国家为代表，发展早、基础好，以生产电子设备为主，多用于军事、工商业服务，目前此类国家在该领域向高、精、尖方向发展。消费类电子产品以日本为代表，起步晚于美欧，在发展初期技术力量和设备水平落后于西方，从生产家电入手，以生活消费品为主，填补了电子工业的空白区，逐渐占领了世界家电市场，目前此类国家在该领域向数字技术发展，数码照相机、数码摄像机等为主要产品。电子元器件集中在日本、美国及亚太地区，以发展中国家为代表，基础薄弱、资金有限、多利用进口原件进行组装，发挥劳动力优势，生产日用消费品，在电子技术产业链中处于较低水平，很多是发达国家电子工业海外廉价工厂，因而多发展为出口贸易型。

第二节　世界电子工业生产分布

世界电子工业分布广泛，但主要集中在美国、欧洲、亚洲环太平洋地区。

美国自 20 世纪 90 年代开始发展的新经济和后来兴起的新新经济，主要以 IT 产业及网络技术为核心，美国电子工业发展迅速，电子工业规模和电子产品市场居世界前列，是对经济增长贡献最大的产业。美国电子工业技术先进、规模大、效益高，处于世界领先地位，计算机的核心硬件和软件操作系统平台的研制和开发，都垄断在美国人手中。主要产品以投资类电子产品为主，消费类电子产品是其薄弱环节。主要产品为通信设备、计算机及其产品、半导体产品。美国电子工业主要分布地区为硅谷、硅三角、128 号信息公路、亚特兰大技术园区等。其中硅谷位于加利福尼亚州圣克拉拉县，长约 40 千米、宽约 16 千米，是一块由西北延伸向东南的狭长地带。这里曾经是一个盛产水果的小村庄，现在是世界电子工业的心脏，是其他国家电子产业发展学习的榜样，生产电子工业的核心硬件硅片。硅谷是多种新技术和新产品发展中心和诞生地，其主要产业包括大规模集成电路技术、电子技术、微处理技术、个人计算机技术、激光技术等，但主要以电子技术为主，约 8 000 家企业云集于此，其中与电子工业有关的约 5 000 家。硅谷发展良好的原因首先是美国大量军事投资，二战后美军扩军备战，大量军方投资流入加州，使硅谷获得稳定的资金供应；其次是斯坦福大学的存在，1951 年位于硅谷的斯坦福大学划出大片校园，建立斯坦福工业区，将地产以租让形式供新企业建厂，该大学设有基础研究和开发，为产业园发展提供科研设备和各种人才，因此，硅谷也是科研与开发相结合的科学城。

硅三角位于三座城市和三座大学之间，这三座城市和大学分别是罗利市的北卡罗来纳州立大学、达勒姆市的杜克大学、查泊尔希尔市的北卡罗来纳大学，该区域的核心产品是半导体和电子计算机的研制。波士顿 128 号公路，是环波士顿市外缘绕行的一条宽阔的高速公路，公路两旁形成一个高技术产业群，是微电子技术中心，目前向周围扩散，以波士顿为中心，半径 50 千米的 495 号州级公路扩散。硅山是科罗拉多州的首府丹佛市附近的博尔德，是 IBM 主要的生产基地。亚特兰大技术园区位于佐治亚州的首府亚特兰大，以编制计算机程序和软件为主。

　　欧洲以德国、法国、英国为主要的电子产品生产国。德国是欧洲最大的电子产品市场，电子工业起步晚，在政府支持下，重点发展微电子技术，是西欧最大的电子产品市场。电子工业主要分布在拜恩州和巴登符腾堡州。慕尼黑号称德国硅谷，是西门子公司总部所在地，数百家公司云集于此，生产集成电路。德国优势电子产品为控制设备和仪器、医疗和工业设备、电信设备及电子元件。英国电子工业分布在泰晤士河上游的泰晤士硅谷以及苏格兰硅谷，电子行业优势产品为军事电子、数据处理设备、电信设备。法国电子工业分布在东南部的格勒诺布尔市以及巴黎、里昂，优势产品为电子显微镜、半导体激光器、光导纤维、武器制导系统等。

　　亚洲地区电子工业以日本、印度、中国为主。日本以消费类电子产品为主，在半导体和集成电路的研制和开发方面处于世界领先。生产组装集中在九州岛，研制在东京－横滨和"京阪神"，以小型轻量化及故障少为特点。印度IT行业发展迅速，20世纪90年代后，印度扩大国内理工科大学，放宽有关通信领域的限制，完善通信网络，以2003年为例，印度获得工程技术学位的人数为29.8万人，超过中国的19.5万人，印度软件产品在美国市场占60%，中国从美国进口的80%的软件产品有70%是印度生产的。韩国是以个人计算机和周边设备为核心的高档电子产品生产基地。马来西亚、泰国是民用电子产品的生产基地。中国生产的PC机、手机、数码相机、计算机及其周边设备等产品发展迅速。

第三节　世界电子工业产品贸易

　　世界电子产品贸易发达的地区主要是美国、日本、欧洲、中国。

　　美国主要出口通信产品、计算机、电子元件；进口电子元件、计算机、消费类产品。美国是世界电子产品生产大国，其中通信产品占全球电子销售额的30%左右，计算机占20%左右、电子元件占17%左右；美国电子产品进出口贸易总额占全球的30%左右。美国进口产品中，消费类产品是商机较多的项目，美国数字电视的普及对消费类产品的需求大增。美国电子产品贸易逆差较大，主要原因是大型跨国公司通过海外子公司为国外用户服务。美国电子产品对外贸易市场区位主要分布在日本、欧洲、中国、拉丁美洲。

日本主要出口电子元器件、消费类电子产品、半导体分立器件、集成电路、计算机；进口电子元件、计算机、通信产品、集成电路。日本是世界电子元件生产大国，占全球电子元件产品产值约27%，占日本电子产品总值的40%，电子元件很大一部分供出口，占日本电子产品出口总值的60%。此外是消费类电子产品的出口。日本进口的电子产品中，主要是电子元件和计算机，这些产品主要是海外日本企业产品返销，因为日本在东南亚和中国建立了自己的生产基地。日本在电子贸易中顺差较大，日本电子产品对外贸易市场区位分布主要是美国、欧洲、中国。

欧洲电子产品50%的贸易在欧洲内部。进出口产品为电子数据处理设备、电子元器件及消费类电子产品。其中，出口产品主要是通信产品、计算机；进口产品主要是电子元件、数据处理设备、计算机，因为欧洲内部生产不能满足当地的需要，所以每年法、德、英、意、荷兰总计进口数十亿美元的电子元件。

中国是世界级电子产品生产大国，主要出口产品有计算机及周边设备、手机等，位居前五的是笔记本电脑、手机、集成电路、液晶显示板和手持式无线电话用零件。主要进口产品有电子元件、集成电路等产品，进口额前五位的产品分别是集成电路、液晶显示板、手持式无线电话用零件、硬盘驱动器和印刷电路。

第四节　中国电子工业生产发展与贸易

一、中国电子工业生产发展

中国电子工业自兴起之后生产规模迅速扩大，产品结构趋于合理。中国电子工业起步晚，但发展迅速，电子工业产值不断增加。2003年中国电子产品实现销售收入1.88万亿元；2010年中国电子产品实现销售收入7.8万亿元；2011年中国电子产品实现销售收入9.3万亿元，2018年中国电子产品实现销售收入19.2万亿元。2019年中国电子产品实现销售收入19.2万亿元。

从产品结构来看，1999年投资类比重首次超过消费类和电子元件比重，比较合理。目前，计算机行业中笔记本电脑占微型计算机的比重接近60%。中国电子工业在大量进口电子元件的基础上，虽发展迅速，但集中在较低附加值的劳动密集型硬件装配和智力型软件方面，处于电子产业技术链的末端，电子产品技术含量低，在硬件领域严重依赖电子元件进口，中国对笔记本电脑、高档手机所需的电子元件进口较大，主要依赖发达国家及东南亚国家。电子行业在引进外资技术的基础上，成为发达国家电子工业海外工厂集中区，因而来料加工和进料加工发达，以出口为主，外资企业所占比重不断加大。目前，全球信息产业进一步向中国转移，在中国建立独资企业、研发中心等，电子行业外资企业比重占2/3以上，比重不断增加。以2010年的出口为例，其中三资企业占比82.1%，民营与国企占仅占17.9%。

二、中国电子工业对外贸易

（一）中国电子产品对外贸易发展迅速，贸易量迅猛增长

1996年中国电子产品进出口总额仅为350亿美元，2005年中国电子产品进出口总额为4 887亿美元，2010年中国电子产品进出口总额达到10 128亿美元，2011年中国电子产品进出口总额达到11 292亿美元，2013年中国电子产品进出口总额为13 302亿美元，2019年中国电子产品进出口总额达到4.63万亿美元。2019年中国出口商品中机电产品所占比重接近六成。

（二）中国电子产品对外出口中，各行业进出口增速分化明显

出口方面，电子器件类产品增速居于首位，通信设备与家用电子电器行业保持相对较快增长；电子仪器设备和电子材料增势平缓；计算机、电子元件和广播电视设备出口呈下降态势。进口方面，电子器件、通信设备、电子仪器设备和家电行业呈增长态势；计算机、电子元件、电子材料和广播电视设备呈下降态势。

（三）中国电子产品进出口贸易方式趋于多元化

一般贸易进出口额增速高于平均水平；加工贸易进出口增速低于平均水平；进料加工贸易进出口、来料加工贸易进出口发展平稳。保税区仓储转口货物、保税仓库进出境货物及边境小额贸易等贸易方式的进出口增势突出。

三、中国电子产品出口面临不利因素

中国电子产品出口增长迅速，但是贸易摩擦频繁发生。其中，技术性贸易壁垒是中国电子产品面临的重要不利因素。技术性贸易壁垒是指一国政府或非政府机构以国家安全、健康、环境为由，采取技术法规、标准、包装、标签等以确定产品质量和适用性能的认证和检验，检疫标准规定与程序。例如，采用技术法规，欧洲议会和理事会发布的《关于报废电子电器设备指令》及《关于电子电器设备中限制使用某些有害物质指令》规定，自2005年8月，欧盟市场上的电子电器产品生产商必须自行承担回收报废产品处理及再循环的费用;[①] 2006年7月进入欧盟市场的电子产品禁用某些有害物质;制定技术标准，欧盟、日本、美国纷纷制定技术标准给中国电子产品造成很多障碍。技术性贸易壁垒使得原本利润微薄的电子产品出口举步维艰。知识产权方面，随着我国电子产品出口规模的不断扩大，不断遭到国外公司以知识产权为保护名义的诉讼和纠纷，所涉及的领域波及手机等通信产品以及数码相机产品，给中国企业出口形成巨大障碍。

第五节　小　　结

首先，本章对电子工业发展进行概括性论述，世界电子工业发展历史短但很迅速，是典型的知识技术密集型产业，是国民经济的重要支柱。世界电子工业产品门类复杂，投资类电子产品以美国等发达国家为代表，向高、精、尖方向发展。消费类电子产品以日本为代表，向数字技术发展。其次，论述世界电子工业区位分布，世界电子工业分布广泛，但主要集中在美国、欧洲、亚洲环太平洋地区。主要分析美国、德国、法国、英国、日本等国家电子工业的区位分布及主要产品发展状况。再次，论述世界电子产品贸易，世界电子产品贸易发达的国家主要是美国、日本、欧洲、中国。分析这些国家电子产品贸易规模、主要的进出口产品以及贸易伙伴。最后，论述中国电子工业生产发展，中国电子工业自兴起之后生产规模迅速扩大，产品结构趋于合理。

---

① 　贺宁华：《中国电子工业贸易状况研究》，载《现代商业》2009年第8期。

中国电子工业在大量进口电子元件的基础上，硬件装配和智力型软件方面发展迅速。中国电子行业外资企业比重占 2/3 以上，比重不断增加。贸易领域，中国电子产品对外贸易发展迅速，贸易量迅猛增长。中国电子产品对外出口中，各行业进出口增速分化明显。中国电子产品进出口贸易方式趋于多元化。中国电子产品出口增长迅速，但是贸易摩擦频繁发生，其中技术性贸易壁垒是中国电子产品面临的重要不利因素。知识产权纠纷给中国企业出口形成巨大障碍。

第十一章 世界汽车工业生产发展与贸易

第一节 世界汽车工业生产发展

世界汽车工业自兴起后发展迅速，世界汽车生产中以轿车商用车为主。1886 年，德国人本茨发明了第一辆以燃烧汽油为动力的汽车之后，汽车给人们带来了良好的体验，使得汽车工业迅速发展。20 世纪初世界汽车保有量为 200 万辆，1950 年世界汽车保有量 1 000 万辆，1993 年世界汽车保有量为 6 000 万辆，2000 年世界累计生产汽车 18 亿辆，汽车在很多国家成为仅次于信息产业和石化工业的第三大工业部门，是国民经济的重要支柱。世界 500 强企业汽车占 15 家。据世界汽车制造商协会（OICA）统计，2019 年，全球共生产汽车 9 178.7 万辆，同比下降 5.2%。在汽车细分品种中，乘用车生产 6 714.9 万辆，同比下降 6.4%；商用车生产 2 463.8 万辆，同比下降 1.9%。全球汽车近 10 年产量如表 11 - 1 所示。

表 11 - 1　　　　　　　　2010 ~ 2019 年全球汽车产量统计　　　　　　单位：万辆

年份	全球汽车产量
2010	7 770
2011	8 005
2012	8 410
2013	8 725
2014	8 975
2015	9 078

续表

年份	全球汽车产量
2016	9 498
2017	9 659
2018	9 539
2019	9 179

资料来源：世界汽车制造商协会。

第二节 世界汽车工业生产分布

世界汽车工业集中分布在北美、西欧、东亚及新兴的发展中国家。2000年以前，世界汽车生产国家的分布主要以美国、德国、日本为主，占世界汽车生产总量的1/2以上。2000年以后，随着世界经济格局的不断变化，发展中国家以中国、印度为代表，汽车产量迅猛增长，世界汽车工业生产分布格局也在发生变化。2013年，全球汽车产量前十大国家依次是中国、美国、日本、德国、韩国、印度、巴西、墨西哥、泰国和加拿大。2019年，世界汽车生产大国前十位的依次是中国、美国、日本、德国、印度、墨西哥、韩国、巴西、西班牙、法国。从汽车生产分布变化来看，世界汽车工业前四位的是中国、美国、德国、日本，这种格局多年变化不大，根本原因在于汽车工业是高投入、高技术综合发展的行业。

北美以美国为主，是世界汽车生产大国，历史上美国长期居于世界汽车第一生产大国，20世纪80年代初期被日本超过，位居世界第二，1994年又跃居世界第一，汽车年产量约1 200万辆，汽车是美国经济的主要支柱。美国汽车工业主要分布在中西部，其中以底特律地区最为集中，是全国最大的汽车制造中心，号称美国的汽车城，美国原三大公司总部所在地。美国生产的汽车70%为小汽车，行业垄断严重，其中通用、福特、克莱斯勒占汽车产量的80%。

通用汽车公司成立于1908年，经过多年的发展，企业规模庞大，是美国第一大汽车公司。其产量占美国汽车总产量的60%以上，年产汽车800万辆左右，1996年、1997年、1998年、1999年均居世界500强之首。2008年的西方国家金融危机对通用汽车公司影响深刻，2009 年 6 月，通用汽车公司根据美国企业破产法向纽约破产法院递交破产申请，这是破产涉及员工人数第二大的企业。2010 年 11 月，美国通用汽车公司重返华尔街。2012 年，经历破产重组后的通用汽车全球汽车销量达到 9 285 991 辆，仅次于丰田汽车集团，排名第二，当年公司营业收入达到 1 523 亿美元，净利润达到 49 亿美元。通用汽车在其全球最重要的两大市场——美国和中国的表现良好。

1925 年，在沃尔特·克莱斯勒的带领下，马克斯威尔汽车公司改为克莱斯勒汽车公司，克莱斯勒正式诞生。1927 年，其成为美国第四大汽车制造商。1928 年，克莱斯勒收购了规模是其 5 倍之巨的"道奇兄弟公司"，此后与通用汽车公司和福特汽车公司成为美国三大汽车制造商。1938 年，克莱斯勒汽车产量占美国汽车总产量的 1/4。1942 年，克莱斯勒为军工业务而停止民用汽车生产。1946 年，克莱斯勒恢复汽车生产。1984 年，克莱斯勒收购玛莎拉蒂汽车公司 15.6% 的股份。1987 年，克莱斯勒以 8 亿美元收购美国第四大汽车制造商美国汽车公司并因此拥有了 Jeep 品牌。1991 年，克莱斯勒出售其持有的三菱汽车公司股份。1998 年，戴姆勒 - 奔驰和克莱斯勒达成"平等合并"的协议。2007 年，克莱斯勒脱离戴姆勒 - 奔驰单飞。2009 年 4 月 30 日，陷入困境的克莱斯勒公司发表声明宣布申请破产保护，由此，克莱斯勒进入破产程序。2009 年 6 月 10 日，克莱斯勒集团有限责任公司和菲亚特集团宣布，双方最终完成了全球性战略联盟的缔结。

欧洲以德国为代表，德国是汽车工业的发祥地。德国汽车产量的 90% 为小汽车，生产主要分布在斯图加特、沃尔夫斯堡，慕尼黑，分别是戴姆勒 - 奔驰和大众汽车公司以及宝马公司（巴伐利亚机械制造厂）总部所在地。德国汽车产品因品种多、质量高、工艺精湛而闻名于世。德国汽车年产量约500 万辆，主要的汽车公司有戴姆勒股份公司、大众集团、宝马公司，主要的品牌有奔驰、宝马①、大众、奥迪等。

东亚以日本和中国为主，日本是汽车生产大国，产量位居世界前列。1980 ~ 1994 年日本汽车产量居世界第一，1994 年被美国超过，汽车年产量约 1 000 万辆，分布在表日本太平洋沿岸，以京滨工业区和中京工业区为主。日

---

① 宝马公司：1992 年以前 BMW 在中国并不叫宝马，而被译为"巴依尔"。这是因为 BMW 的全称是"BayerischeMotorenwerkeAG"。那时的宝马虽然在国外已经声名远扬，可中国人对这个汽车品牌却还十分陌生。中文名改为宝马之后，受到消费者关注，销量也逐步扩大。宝马这个名字突出了与 BMW 车系高贵豪华的气质，又与中国传统称谓浑然一体，同时发音也与 BMW 相差不大。

本汽车因价格低、耗油低、外形美、性能高而著称于世。2020 年日本排名前十的汽车公司有丰田、本田、日产、三菱、马自达、雷克萨斯、斯巴鲁、英菲迪尼、讴歌、铃木。

中华人民共和国成立后,中国汽车工业通过自力更生发展起主要为生产服务的汽车产业,汽车年产量较低。改革开放以后,中国汽车产量增长较快,1992 年,中国汽车产量突破 100 万辆大关,2000 年,中国汽车产量突破 200 万辆大关。加入世贸组织后,中国汽车在外来资本和技术的推动下飞速发展,2001 ~ 2010 年的 10 年时间,中国汽车总增长率达到 783.1%,汽车年产量由 200 多万辆扩张到 1 826 万辆;2010 ~ 2017 年,中国汽车产量持续保持高速增长。2017 年以后汽车产量增速减缓,但是汽车产量仍然保持高位运行。汽车产量在世界的排名在 2000 年为第八位,2002 年跃居第五位,2003 年跃居第四位,2006 年跃居第三位,2008 年中国汽车产量居世界第二位,2009 年跃居第一位。之后中国成为世界级的汽车生产大国。中国历年汽车产量如表 11 - 2 所示。

表 11 - 2   中国历年汽车产量统计   单位:万辆

年份	汽车产量
2000	206. 8
2001	234. 2
2002	325. 3
2003	444. 3
2004	507. 1
2005	570. 7
2006	728. 0
2007	888. 2
2008	934. 5
2009	1 379. 1
2010	1 826. 5
2011	1 831. 9
2012	1 927. 2
2013	2 211. 7
2014	2 372. 3
2015	2 450. 3

续表

年份	汽车产量
2016	2 811.9
2017	2 901.5
2018	2 780.9
2019	2 572.1
2020	2 522.5

资料来源：中商情报网。

　　2009 年，中国汽车全球产量第一，此后，汽车销量不断创出新高，增长速度大幅提升。到 2013 年汽车销量位居前十的企业分别是上汽、东风、一汽、长安、北汽、广汽、华晨、长城、吉利和江淮。其中，前 6 家逾百万辆，前 5 家超过两百万辆，东风汽车超过三百万辆，上汽集团首次超过五百万辆。2013 年，汽车销量 2 198.41 万辆，同比增长 13.87%，比上年提高 9.6 个百分点，增速大幅提升。2016 年，中国汽车产销呈现较快增长，汽车销售 2 802.8 万辆，比上年同期增长 13.7%，高于上年同期 9.0 个百分点，总体呈现产销两旺发展态势。2019 年，中国汽车产销继续蝉联全球第一，销售量 2 576.9 万辆，同比下降 8.2%，因汽车行业转型升级的过程中，受中美贸易摩擦、环保标准切换、新能源补贴退坡等因素影响，企业承受较大压力，生产持续调整，但是总体发展态势稳定。

第三节　世界汽车产品贸易

　　在汽车行业发展过程中，由于汽车产品本身重量大、体积大、运输困难，因此，汽车产业对外直接投资对汽车整车贸易的替代较高，世界主要的汽车企业海外进行直接投资，生产产品，就近销售。但是，汽车消费偏好的多样性、汽车生产品牌的差异性，使得汽车贸易依然繁荣。目前，汽车主要的出口国家（地区）为日本、西欧、美国、韩国、俄罗斯；主要的进口国家（地区）为美国、西欧、东欧、日本、非洲。美国进口大于出口，贸易逆差超过约 1 000 亿美元。日本汽车出口量在产量中的占比为 50% 左右。德国汽车出口在产量中占比 70% 以上。韩国汽车出口占总产量的 67% 左右。中国汽车产品出口量较小，2019 年，汽车出口 102.4 万辆，同比下降 1.6%，其中，乘用车出口 72.5 万辆，同比下降 4.3%；商用车出口 29.9 万辆，同比下降 5.7%。汽车消费的多样性以及品牌的多样性使得汽车出口大国也是进口大国，美国作为世界汽车的生产大国、出口大国，同时也是进口大国。西欧、东欧及日本在出口汽车的同时也是主要的汽车进口国。近几年非洲随着经济好转，收入增加，对汽车的需求不断增加，进口量增长较快。

第四节 小 结

首先，本章论述世界汽车工业的生产概况，世界汽车工业自兴起后发展迅速，世界汽车生产中以轿车商用车为主。

其次，论述世界汽车工业生产的区位分布，世界汽车工业集中分布在北美、西欧、东亚及新兴的发展中国家，重点分析美国、德国、日本、中国汽车工业的生产发展特点以及主要的汽车公司发展状况。

最后，论述世界汽车产品的贸易，在汽车行业发展过程中，汽车产业对外直接投资对汽车整车贸易的替代较高，但是汽车消费偏好的多样性、汽车生产品牌的差异性使得汽车贸易依然繁荣。目前主要的汽车出口国家（地区）为日本、西欧、美国、韩国、俄罗斯；主要的汽车进口国家（地区）为美国、西欧、东欧、日本、非洲，同时进一步分析了主要出口国的汽车贸易状况。

结　语

　　经过 40 年的高速增长，中国经济在世界经济贸易中占据的地位越来越重要。今天，世界经济贸易格局正在发生深刻变化，中国面临的机遇极大地增加，这是一个走出国门进行开拓的时代，要探析世界经济贸易发展规律，借鉴世界贸易发展经验，审视世界经济贸易格局变化，抓住世界经济贸易变革机遇，促进中国经济贸易高速发展，进一步推动世界不同区域经济贸易全面协调发展。

参 考 文 献

1. 吕惠均、陈利君：《南亚八国 你知道多少》，载《昆明日报》2013 年 3 月 19 日 A10 版。

2. 郑士贵、白光武、陈云卿：《学术文摘》，载《管理科学文摘》2000 年第 6 期。

3. 编辑部：《解读日本六大财团之谜》，载《中国总会计师》2011 年第 6 期。

4. 编辑部：《亚洲贸易开放水平逐步提高》，载《经济日报》2021 年 1 月 16 日，第 4 版。

5. 编辑部：《一周国际热点回顾》，载《国际金融报》2020 年 1 月 6 日，第 4 版。

6. 曹俊男：《我国钢铁企业绩效评价研究》，西安建筑科技大学硕士学位论文，2013 年。

7. 曹荔：《奥巴马第一任期美国朝鲜半岛政策研究（2009－2013）》，南京师范大学硕士学位论文，2016 年。

8. 陈绍志、宿海颖、刘小丽：《中国林业企业海外生存之路——秘鲁》，载《国际木业》2016 年第 6 期。

9. 陈智：《2013 年电子信息产品进出口数据分析》，载《电子元件与材料》2014 年第 3 期。

10. 高兰：《全面解读冷战后日本国家战略的变革与影响——从模糊战略到清晰战略的转型》，载《国际观察》2005 年第 4 期。

11. 高尚：《大北极石油运输通道格局及演化研究》，大连海事大学硕士学位论文，2017 年。

12. 龚秀国：《中国式"荷兰病"与人民币汇率政策研究》，载《四川大学学报（哲学社会科学版）》2008 年第 1 期。

13. 韩琪、赵雪：《外商直接投资与中国贸易顺差的内在关联分析》，载《第六期中国现代化研究论坛》，2008 年 9 月 1 日。

14. 何维达、潘峥嵘：《中国钢铁产能过剩的成因分析与对策研究》，引自《中国工业经济学会 2014 年学术年会暨"产业转型升级与产能过剩治理"研讨会》，2014 年 10 月 18 日。

15. 贺宁华：《中国电子工业贸易状况研究》，载《现代商业》2009 年，第 8 期。

16. 胡娜：《东盟四国纺织品贸易简析》，载《青年文学家》2016 年第 4 期。

17. 黄文：《我国钢铁企业介入印度尼西亚市场的初步探讨》，载《冶金管理》2015 年第 1 期。

18. 吉小枫：《开拓中智合作新局面 推动一带一路新发展》，载《国际商报》2019 年 11 月 25 日，第 12 版。

19. 蒋和平：《日本对外贸易竞争力的提升策略及其启示》，载《特区经济》2010 年第 4 期。

20. 焦旭：《俄罗斯石油产量再创历史新高》，载《中国能源报》2013 年 11 月 18 日第 11 版。

21. 金虎明：《中美乘用车国际竞争力比较研究》，延边大学硕士学位论文，2012 年。

22. 景译萱：《借鉴发达国家的发展经验对我国钢铁工业的启示》，载《商》2014 年第 1 期。

23. 李玮：《物联网连接"印度制造"与"数字印度"》，载《物联网技术》2016 年第 7 期。

24. 李湘君，钟明容：《广西与"一带一路"主要国家（地区）贸易竞争性与互补性分析》，载《对外经贸》2019 年第 9 期。

25. 李肖：《赴日招商话你知》，载《大经贸》2003 年第 7 期。

26. 李亚芬：《日元升值对经济影响的综合分析》，载《国际金融研究》2008 年第 11 期。

27. 李紫莹：《中国 – 拉美经贸合作方兴未艾》，载《唯实》2015 年第 9 期。

28. 李紫莹：《中拉经贸关系长远发展的路径选择》，载《拉丁美洲研究》2015 年第 1 期。

29. 刘成林：《日元汇率对日本货物贸易的影响及其借鉴意义》，对外经济贸易大学硕士学位论文，2008 年。

30. 刘晓博：《中国海军穿过的那些海峡》，载《舰船知识》2013 年第 1 期。

31. 刘雪飞：《字符海上石油运输通道国际安全制度之构建》，中国海洋大学硕士学位论文，2006 年。

32. 柳梦琪：《中国与俄罗斯的能源战略合作研究》，对外经济贸易大学硕士学位论文，2015 年。

33. 娄伟：《日本清水建设公司新加坡发展战略分析》，上海交通大学硕士学位论文，2015 年。

34. 陆家为：《非洲贸易与风险管理》，载《科技和产业》2005 年第 4 期。

35. 陆如泉、傅阳朝：《影响全球石油贸易的七大运输"咽喉"》，载《国际石油经济》2003 年第 8 期。

36. 路强：《美国汽车产业政策对我国产业结构优化启示》，载《青年与社会》2014 年第 5 期。

37. 马丹丹：《"一带一路"视阈下中国对拉美贸易与投资研究》，上海师范大学硕士学位论文，2019 年。

38. 蒲大可：《非洲外债问题研究：历史演进、深层逻辑及其影响》，上海师范大学博士学位论文，2020 年。

39. 任之于：《中美能源合作：互利双赢》，载《中国石化》2008 年第 9 期。

40. 沈剑锋：《2007 年俄罗斯对外贸易状况分析》，载《俄罗斯中亚东欧市场》2008 年第 6 期。

41. 师建华：《中国汽车工业发展回顾与分析》，载《时代汽车》2008 年第 9 期。

42. 苏海河：《日本新经济对策重规模轻效果》，载《经济日报》2019 年 12 月 10 日，第 12 版。

43. 苏海河：《日本新经济增长战略或成"画饼"》，载《经济日报》2017 年 6 月 12 日，第 12 版。

44. 万良威：《跨太平洋伙伴关系协议（TPP）对我国对外贸易的影响——基于中国未来贸易伙伴的实证分析》，西南财经大学硕士学位论文，2015 年。

45. 汪巍：《非洲石油勘探开发市场格局与竞争策略》，载《中外能源》

2008 年第 3 期。

46. 王安琪：《互联网发展水平对中国与东盟贸易的影响——基于贸易成本的中介效应分析》，对外经济贸易大学硕士学位论文，2020 年。

47. 王积军：《世界小麦供需特点及主要贸易国情况》，载《世界农业》2004 年第 10 期。

48. 王剑青：《快速发展的印度经济可资借鉴》，载《经营与管理》2008 年第 1 期。

49. 魏书光：《美国页岩油技术改变世界能源版图》，载《证券时报》2012 年 11 月 15 日 C003 版。

50. 乌云其其克：《研究我国贸易扩张的二元边际结构及其特征性事实》，中国人民大学硕士学位论文，2011 年。

51. 吴晶：《加欧综合经济贸易协议（CETA）及对加拿大影响分析》，载《中国外资》2019 年第 23 期。

52. 谢雨蓉：《经济全球化中的国际物流影响因素及中国的应对策略研究》，北京交通大学博士学位论文，2020 年。

53. 徐睿：《发达国家再生资源产业集中度的经验》，载《资源再生》2013 年第 11 期。

54. 徐润琳：《中国对拉美地区直接投资的贸易效应研究》，对外经济贸易大学硕士学位论文，2019 年。

55. 徐泽来、郝睿：《中非经贸合作形势与展望》，载《中国国情国力》2015 年第 12 期。

56. 颜伟：《中国城市轨道交通通信信号产业"走出去"战略研究》，中国人民大学硕士学位论文，2006 年。

57. 杨超、黄耀东：《中国（南宁）—新加坡经济走廊的产业发展》，载《东南亚纵横》2015 年第 1 期。

58. 杨广利：《关于纺织品出口"设限"风波的思考》，载《环渤海经济瞭望》2005 年第 10 期。

59. 杨勇岩：《我国汽车产业存在的问题及发展对策》，载《市场论坛》2006 年第 1 期。

60. 尹栾玉：《美、日对外贸易战略转变的特征及对我国的借鉴意义》，载《当代经济研究》2006 年第 12 期。

61. 张华：《中东石油资源与世界经济》，载《国土资源》2004 年第 3 期。

62. 张亮:《浅析战后美国对外贸易政策与措施》,载《商场现代化》2010 年第 5 期。

63. 章帆:《管理的协同效应与组织的社会资产》,载《北京工业大学学报(社会科学版)》2009 年第 6 期。

64. 赵峰、成剑频、张德华:《加入 WTO,中国农业面临的机遇、挑战及对策》,引自《全国农业科技创新与生产现代化学术研讨会》,2001 年 10 月 1 日。

后 记

本书出版之际，感谢西安财经大学的领导和同事对于本书出版的支持。感谢我的学生对本书出版的付出。感谢经济科学出版社对本书出版的支持。

在本书出版中参考了国内外众多学者的研究成果，对此笔者在书中都做了标注，但是疏漏之处在所难免，敬请谅解。由于研究者学识所限，对国际经济发展与贸易问题的分析还存在不足，希望各位专家不吝指正。

贺宁华

2021 年 11 月